PORTUGEES
WOORDENSCHAT

THEMATISCHE WOORDENLIJST

NEDERLANDS
PORTUGEES

De meest bruikbare woorden
Om uw woordenschat uit te breiden en
uw taalvaardigheid aan te scherpen

5000 woorden

Thematische woordenschat Nederlands-Braziliaans Portugees - 5000 woorden
Door Andrey Taranov

Woordenlijsten van T&P Books zijn bedoeld om u woorden van een vreemde taal te helpen leren, onthouden, en bestuderen. Dit woordenboek is ingedeeld in thema's en behandelt alle belangrijk terreinen van het dagelijkse leven, bedrijven, wetenschap, cultuur, etc.

Het proces van het leren van woorden met behulp van de op thema's gebaseerde aanpak van T&P Books biedt u de volgende voordelen:

- Correct gegroepeerde informatie is bepalend voor succes bij opeenvolgende stadia van het leren van woorden
- De beschikbaarheid van woorden die van dezelfde stam zijn maakt het mogelijk om woordgroepen te onthouden (in plaats van losse woorden)
- Kleine groepen van woorden faciliteren het proces van het aanmaken van associatieve verbindingen, die nodig zijn bij het consolideren van de woordenschat
- Het niveau van talenkennis kan worden ingeschat door het aantal geleerde woorden

Copyright © 2022 T&P Books Publishing

Alle rechten voorbehouden. Niets uit deze uitgave mag worden verveelvoudigd, opgeslagen in een geautomatiseerd gegevensbestand en/of openbaar gemaakt in enige vorm of op enige wijze, hetzij elektronisch, mechanisch, door fotokopieën, opnamen of op enige andere manier zonder voorafgaande schriftelijke toestemming van de uitgever. U mag dit boek niet verspreiden in welk formaat dan ook.

T&P Books Publishing
www.tpbooks.com

ISBN: 978-1-80001-788-7

Dit boek is ook beschikbaar in e-boek formaat.
Gelieve www.tpbooks.com te bezoeken of de belangrijkste online boekwinkels.

BRAZILIAANS PORTUGESE WOORDENSCHAT
nieuwe woorden leren

T&P Books woordenlijsten zijn bedoeld om u te helpen vreemde woorden te leren, te onthouden, en te bestuderen. De woordenschat bevat meer dan 5000 veel gebruikte woorden die thematisch geordend zijn.

- De woordenlijst bevat de meest gebruikte woorden
- Aanbevolen als aanvulling bij welke taalcursus dan ook
- Voldoet aan de behoeften van de beginnende en gevorderde student in vreemde talen
- Geschikt voor dagelijks gebruik, bestudering en zelftestactiviteiten
- Maakt het mogelijk om uw woordenschat te evalueren

Bijzondere kenmerken van de woordenschat

- De woorden zijn gerangschikt naar hun betekenis, niet volgens alfabet
- De woorden worden weergegeven in drie kolommen om bestudering en zelftesten te vergemakkelijken
- Woorden in groepen worden verdeeld in kleine blokken om het leerproces te vergemakkelijken
- De woordenschat biedt een handige en eenvoudige beschrijving van elk buitenlands woord

De woordenschat bevat 155 onderwerpen zoals:

Basisconcepten, getallen, kleuren, maanden, seizoenen, meeteenheden, kleding en accessoires, eten & voeding, restaurant, familieleden, verwanten, karakter, gevoelens, emoties, ziekten, stad, dorp, bezienswaardigheden, winkelen, geld, huis, thuis, kantoor, werken op kantoor, import & export, marketing, werk zoeken, sport, onderwijs, computer, internet, gereedschap, natuur, landen, nationaliteiten en meer …

T&P Books. Thematische woordenschat Nederlands-Braziliaans Portugees - 5000 woorden

INHOUDSOPGAVE

UITSPRAAKGIDS	9
AFKORTINGEN	10

BASISBEGRIPPEN	12
Basisbegrippen Deel 1	12

1. Voornaamwoorden	12
2. Begroetingen. Begroetingen. Afscheid	12
3. Hoe aan te spreken	13
4. Kardinale getallen. Deel 1	13
5. Kardinale getallen. Deel 2	14
6. Ordinale getallen	15
7. Getallen. Breuken	15
8. Getallen. Eenvoudige berekeningen	15
9. Getallen. Diversen	15
10. De belangrijkste werkwoorden. Deel 1	16
11. De belangrijkste werkwoorden. Deel 2	17
12. De belangrijkste werkwoorden. Deel 3	18
13. De belangrijkste werkwoorden. Deel 4	19
14. Kleuren	20
15. Vragen	20
16. Voorzetsels	21
17. Functiewoorden. Bijwoorden. Deel 1	21
18. Functiewoorden. Bijwoorden. Deel 2	23

Basisbegrippen Deel 2	25
19. Dagen van de week	25
20. Uren. Dag en nacht	25
21. Maanden. Seizoenen	26
22. Meeteenheden	28
23. Containers	29

MENS	30
Mens. Het lichaam	30
24. Hoofd	30
25. Menselijk lichaam	31

Kleding en accessoires	32
26. Bovenkleding. Jassen	32
27. Heren & dames kleding	32

28. Kleding. Ondergoed	33
29. Hoofddeksels	33
30. Schoeisel	33
31. Persoonlijke accessoires	34
32. Kleding. Diversen	34
33. Persoonlijke verzorging. Schoonheidsmiddelen	35
34. Horloges. Klokken	36

Voedsel. Voeding	**37**
35. Voedsel	37
36. Drankjes	38
37. Groenten	39
38. Vruchten. Noten	40
39. Brood. Snoep	41
40. Bereide gerechten	41
41. Kruiden	42
42. Maaltijden	43
43. Tafelschikking	44
44. Restaurant	44

Familie, verwanten en vrienden	**45**
45. Persoonlijke informatie. Formulieren	45
46. Familieleden. Verwanten	45

Geneeskunde	**47**
47. Ziekten	47
48. Symptomen. Behandelingen. Deel 1	48
49. Symptomen. Behandelingen. Deel 2	49
50. Symptomen. Behandelingen. Deel 3	50
51. Artsen	51
52. Geneeskunde. Medicijnen. Accessoires	51

HET MENSELIJKE LEEFGEBIED	**53**
Stad	**53**
53. Stad. Het leven in de stad	53
54. Stedelijke instellingen	54
55. Borden	55
56. Stedelijk vervoer	56
57. Bezienswaardigheden	57
58. Winkelen	58
59. Geld	59
60. Post. Postkantoor	60

Woning. Huis. Thuis	**61**
61. Huis. Elektriciteit	61

62. Villa. Herenhuis	61
63. Appartement	61
64. Meubels. Interieur	62
65. Beddengoed	63
66. Keuken	63
67. Badkamer	64
68. Huishoudelijke apparaten	65

MENSELIJKE ACTIVITEITEN 66
Baan. Business. Deel 1 66

69. Kantoor. Op kantoor werken	66
70. Bedrijfsprocessen. Deel 1	67
71. Bedrijfsprocessen. Deel 2	68
72. Productie. Werken	69
73. Contract. Overeenstemming	70
74. Import & Export	71
75. Financiën	71
76. Marketing	72
77. Reclame	73
78. Bankieren	73
79. Telefoon. Telefoongesprek	74
80. Mobiele telefoon	75
81. Schrijfbehoeften	75
82. Soorten bedrijven	75

Baan. Business. Deel 2 78

83. Show. Tentoonstelling	78
84. Wetenschap. Onderzoek. Wetenschappers	79

Beroepen en ambachten 81

85. Zoeken naar werk. Ontslag	81
86. Zakenmensen	81
87. Dienstverlenende beroepen	82
88. Militaire beroepen en rangen	83
89. Ambtenaren. Priesters	84
90. Agrarische beroepen	84
91. Kunst beroepen	85
92. Verschillende beroepen	85
93. Beroepen. Sociale status	87

Onderwijs 88

94. School	88
95. Hogeschool. Universiteit	89
96. Wetenschappen. Disciplines	90
97. Schrift. Spelling	90
98. Vreemde talen	91

Rusten. Entertainment. Reizen 93

99. Trip. Reizen 93
100. Hotel 93

TECHNISCHE APPARATUUR. VERVOER 95
Technische apparatuur 95

101. Computer 95
102. Internet. E-mail 96
103. Elektriciteit 97
104. Gereedschappen 97

Vervoer 100

105. Vliegtuig 100
106. Trein 101
107. Schip 102
108. Vliegveld 103

Gebeurtenissen in het leven 105

109. Vakanties. Evenement 105
110. Begrafenissen. Begrafenis 106
111. Oorlog. Soldaten 106
112. Oorlog. Militaire acties. Deel 1 107
113. Oorlog. Militaire acties. Deel 2 109
114. Wapens 110
115. Oude mensen 112
116. Middeleeuwen 113
117. Leider. Baas. Autoriteiten 114
118. De wet overtreden. Criminelen. Deel 1 115
119. De wet overtreden. Criminelen. Deel 2 116
120. Politie. Wet. Deel 1 117
121. Politie. Wet. Deel 2 118

NATUUR 120
De Aarde. Deel 1 120

122. De kosmische ruimte 120
123. De Aarde 121
124. Windrichtingen 122
125. Zee. Oceaan 122
126. Namen van zeeën en oceanen 123
127. Bergen 124
128. Bergen namen 125
129. Rivieren 125
130. Namen van rivieren 126
131. Bos 126
132. Natuurlijke hulpbronnen 127

De Aarde. Deel 2   129

133. Weer   129
134. Zwaar weer. Natuurrampen   130

Fauna   131

135. Zoogdieren. Roofdieren   131
136. Wilde dieren   131
137. Huisdieren   132
138. Vogels   133
139. Vis. Zeedieren   135
140. Amfibieën. Reptielen   135
141. Insecten   136

Flora   137

142. Bomen   137
143. Heesters   137
144. Vruchten. Bessen   138
145. Bloemen. Planten   139
146. Granen, graankorrels   140

LANDEN. NATIONALITEITEN   141

147. West-Europa   141
148. Centraal- en Oost-Europa   141
149. Voormalige USSR landen   142
150. Azië   142
151. Noord-Amerika   143
152. Midden- en Zuid-Amerika   143
153. Afrika   144
154. Australië. Oceanië   144
155. Steden   144

T&P Books. Thematische woordenschat Nederlands-Braziliaans Portugees - 5000 woorden

UITSPRAAKGIDS

T&P fonetisch alfabet	Portugees voorbeeld	Nederlands voorbeeld

Klinkers

[a]	baixo ['baɪʃu]	acht
[e]	erro ['eʀu]	delen, spreken
[ɛ]	leve ['lɛve]	elf, zwembad
[i]	lancil [lã'sil]	bidden, tint
[o], [ɔ]	boca, orar ['boke], [ɔ'rar]	overeenkomst, bot
[u]	urgente [ur'ʒēte]	hoed, doe
[ã]	toranja [tu'rãʒe]	nasale [a]
[ẽ]	gente ['ʒẽte]	zwemmen, existeren
[ĩ]	seringa [se'rĩge]	nasale [i]
[õ]	ponto ['põtu]	nasale [o]
[ũ]	umbigo [ũ'bigu]	nasale [u]

Medeklinkers

[b]	banco ['bãku]	hebben
[d]	duche ['duʃe]	Dank u, honderd
[dʒ]	abade [a'badʒi]	jeans, jungle
[f]	facto ['faktu]	feestdag, informeren
[g]	gorila [gu'rile]	goal, tango
[j]	feira ['fejrɐ]	New York, januari
[k]	claro ['klaru]	kennen, kleur
[l]	Londres ['lõdreʃ]	delen, luchter
[ʎ]	molho ['moʎu]	biljet, morille
[m]	montanha [mõ'tɐɲe]	morgen, etmaal
[n]	novela [nu'vɛle]	nemen, zonder
[ɲ]	senhora [se'ɲore]	cognac, nieuw
[ŋ]	marketing ['marketiŋ]	optelling
[p]	prata ['prate]	parallel, koper
[s]	safira [se'fire]	spreken, kosten
[ʃ]	texto ['tɛʃtu]	shampoo, machine
[t]	teto ['tɛtu]	tomaat, taart
[tʃ]	doente [do'ẽtʃi]	Tsjechië, cello
[v]	alvo ['alvu]	beloven, schrijven
[z]	vizinha [vi'ziɲe]	zeven, zesde
[ʒ]	juntos ['ʒũtuʃ]	journalist, rouge
[w]	sequoia [se'kwɔje]	twee, willen

AFKORTINGEN
gebruikt in de woordenschat

Nederlandse afkortingen

abn	- als bijvoeglijk naamwoord
bijv.	- bijvoorbeeld
bn	- bijvoeglijk naamwoord
bw	- bijwoord
enk.	- enkelvoud
enz.	- enzovoort
form.	- formele taal
inform.	- informele taal
mann.	- mannelijk
mil.	- militair
mv.	- meervoud
on.ww.	- onovergankelijk werkwoord
ontelb.	- ontelbaar
ov.	- over
ov.ww.	- overgankelijk werkwoord
telb.	- telbaar
vn	- voornaamwoord
vrouw.	- vrouwelijk
vw	- voegwoord
vz	- voorzetsel
wisk.	- wiskunde
ww	- werkwoord

Nederlandse artikelen

de	- gemeenschappelijk geslacht
de/het	- gemeenschappelijk geslacht, onzijdig
het	- onzijdig

Portugese afkortingen

f	- vrouwelijk zelfstandig naamwoord
f pl	- vrouwelijk meervoud
m	- mannelijk zelfstandig naamwoord
m pl	- mannelijk meervoud
m, f	- mannelijk, vrouwelijk

pl	-	meervoud
v aux	-	hulp werkwoord
vi	-	onovergankelijk werkwoord
vi, vt	-	onovergankelijk, overgankelijk werkwoord
vr	-	reflexief werkwoord
vt	-	overgankelijk werkwoord

BASISBEGRIPPEN

Basisbegrippen Deel 1

1. Voornaamwoorden

ik	eu	['ew]
jij, je	você	[vɔ'se]
hij	ele	['ɛli]
zij, ze	ela	['ɛla]
wij, we	nós	[nɔs]
jullie	vocês	[vɔ'ses]
zij, ze (mann.)	eles	['ɛlis]
zij, ze (vrouw.)	elas	['ɛlas]

2. Begroetingen. Begroetingen. Afscheid

Hallo! Dag!	Oi!	[ɔj]
Hallo!	Olá!	[o'la]
Goedemorgen!	Bom dia!	[bõ 'dʒia]
Goedemiddag!	Boa tarde!	['boa 'tardʒi]
Goedenavond!	Boa noite!	['boa 'nojtʃi]
gedag zeggen (groeten)	cumprimentar (vt)	[kũprimẽ'tar]
Hoi!	Oi!	[ɔj]
groeten (het)	saudação (f)	[sawda'sãw]
verwelkomen (ww)	saudar (vt)	[saw'dar]
Hoe gaat het met u?	Como você está?	['komu vo'se is'ta]
Hoe is het?	Como vai?	['komu 'vaj]
Is er nog nieuws?	E aí, novidades?	[a a'i novi'dadʒis]
Dag! Tot ziens!	Tchau!	['tʃaw]
Tot snel! Tot ziens!	Até breve!	[a'tɛ 'brɛvi]
Vaarwel!	Adeus!	[a'dews]
afscheid nemen (ww)	despedir-se (vr)	[dʒispe'dʒirsi]
Tot kijk!	Até mais!	[a'tɛ majs]
Dank u!	Obrigado! -a!	[obri'gadu, -a]
Dank u wel!	Muito obrigado! -a!	['mwĩtu obri'gadu, -a]
Graag gedaan	De nada	[de 'nada]
Geen dank!	Não tem de quê	['nãw tẽj de ke]
Geen moeite.	Não foi nada!	['nãw foj 'nada]
Excuseer me, ... (inform.)	Desculpa!	[dʒis'kuwpa]
Excuseer me, ... (form.)	Desculpe!	[dʒis'kuwpe]

excuseren (verontschuldigen)	desculpar (vt)	[dʒiskuw'par]
zich verontschuldigen	desculpar-se (vr)	[dʒiskuw'parsi]
Mijn excuses.	Me desculpe	[mi dʒis'kuwpe]
Het spijt me!	Desculpe!	[dʒis'kuwpe]
vergeven (ww)	perdoar (vt)	[per'dwar]
Maakt niet uit!	Não faz mal	['nãw fajʒ maw]
alsjeblieft	por favor	[por fa'vor]
Vergeet het niet!	Não se esqueça!	['nãw si is'kesa]
Natuurlijk!	Com certeza!	[kõ ser'teza]
Natuurlijk niet!	Claro que não!	['klaru ki 'nãw]
Akkoord!	Está bem! De acordo!	[is'ta bẽj], [de a'kordu]
Zo is het genoeg!	Chega!	['ʃega]

3. Hoe aan te spreken

Excuseer me, ...	Desculpe ...	[dʒis'kuwpe]
meneer	senhor	[se'ɲor]
mevrouw	senhora	[se'ɲora]
juffrouw	senhorita	[seɲo'rita]
jongeman	jovem	['ʒovẽ]
jongen	menino	[me'ninu]
meisje	menina	[me'nina]

4. Kardinale getallen. Deel 1

nul	zero	['zɛru]
een	um	[ũ]
twee	dois	['dojs]
drie	três	[tres]
vier	quatro	['kwatru]
vijf	cinco	['sĩku]
zes	seis	[sejs]
zeven	sete	['sɛtʃi]
acht	oito	['ojtu]
negen	nove	['nɔvi]
tien	dez	[dɛz]
elf	onze	['õzi]
twaalf	doze	['dozi]
dertien	treze	['trezi]
veertien	catorze	[ka'tɔrzi]
vijftien	quinze	['kĩzi]
zestien	dezesseis	[deze'sejs]
zeventien	dezessete	[dezi'setʃi]
achttien	dezoito	[dʒi'zojtu]
negentien	dezenove	[deze'nɔvi]
twintig	vinte	['vĩtʃi]
eenentwintig	vinte e um	['vĩtʃi i ũ]

tweeëntwintig	vinte e dois	['vĩtʃi i 'dojs]
drieëntwintig	vinte e três	['vĩtʃi i 'tres]
dertig	trinta	['trĩta]
eenendertig	trinta e um	['trĩta i ũ]
tweeëndertig	trinta e dois	['trĩta i 'dojs]
drieëndertig	trinta e três	['trĩta i 'tres]
veertig	quarenta	[kwa'rẽta]
eenenveertig	quarenta e um	[kwa'rẽta i 'ũ]
tweeënveertig	quarenta e dois	[kwa'rẽta i 'dojs]
drieënveertig	quarenta e três	[kwa'rẽta i 'tres]
vijftig	cinquenta	[sĩ'kwẽta]
eenenvijftig	cinquenta e um	[sĩ'kwẽta i ũ]
tweeënvijftig	cinquenta e dois	[sĩ'kwẽta i 'dojs]
drieënvijftig	cinquenta e três	[sĩ'kwẽta i 'tres]
zestig	sessenta	[se'sẽta]
eenenzestig	sessenta e um	[se'sẽta i ũ]
tweeënzestig	sessenta e dois	[se'sẽta i 'dojs]
drieënzestig	sessenta e três	[se'sẽta i 'tres]
zeventig	setenta	[se'tẽta]
eenenzeventig	setenta e um	[se'tẽta i ũ]
tweeënzeventig	setenta e dois	[se'tẽta i 'dojs]
drieënzeventig	setenta e três	[se'tẽta i 'tres]
tachtig	oitenta	[oj'tẽta]
eenentachtig	oitenta e um	[oj'tẽta i 'ũ]
tweeëntachtig	oitenta e dois	[oj'tẽta i 'dojs]
drieëntachtig	oitenta e três	[oj'tẽta i 'tres]
negentig	noventa	[no'vẽta]
eenennegentig	noventa e um	[no'vẽta i 'ũ]
tweeënnegentig	noventa e dois	[no'vẽta i 'dojs]
drieënnegentig	noventa e três	[no'vẽta i 'tres]

5. Kardinale getallen. Deel 2

honderd	cem	[sẽ]
tweehonderd	duzentos	[du'zẽtus]
driehonderd	trezentos	[tre'zẽtus]
vierhonderd	quatrocentos	[kwatro'sẽtus]
vijfhonderd	quinhentos	[ki'ɲẽtus]
zeshonderd	seiscentos	[sej'sẽtus]
zevenhonderd	setecentos	[sete'sẽtus]
achthonderd	oitocentos	[ojtu'sẽtus]
negenhonderd	novecentos	[nove'sẽtus]
duizend	mil	[miw]
tweeduizend	dois mil	['dojs miw]
drieduizend	três mil	['tres miw]

tienduizend	dez mil	['dɛz miw]
honderdduizend	cem mil	[sẽ miw]
miljoen (het)	um milhão	[ũ mi'ʎãw]
miljard (het)	um bilhão	[ũ bi'ʎãw]

6. Ordinale getallen

eerste (bn)	primeiro	[pri'mejru]
tweede (bn)	segundo	[se'gũdu]
derde (bn)	terceiro	[ter'sejru]
vierde (bn)	quarto	['kwartu]
vijfde (bn)	quinto	['kĩtu]
zesde (bn)	sexto	['sestu]
zevende (bn)	sétimo	['sɛtʃimu]
achtste (bn)	oitavo	[oj'tavu]
negende (bn)	nono	['nonu]
tiende (bn)	décimo	['dɛsimu]

7. Getallen. Breuken

breukgetal (het)	fração (f)	[fra'sãw]
half	um meio	[ũ 'meju]
een derde	um terço	[ũ 'tersu]
kwart	um quarto	[ũ 'kwartu]
een achtste	um oitavo	[ũ oj'tavu]
een tiende	um décimo	[ũ 'dɛsimu]
twee derde	dois terços	['dojs 'tersus]
driekwart	três quartos	[tres 'kwartus]

8. Getallen. Eenvoudige berekeningen

aftrekking (de)	subtração (f)	[subtra'sãw]
aftrekken (ww)	subtrair (vi, vt)	[subtra'ir]
deling (de)	divisão (f)	[dʒivi'zãw]
delen (ww)	dividir (vt)	[dʒivi'dʒir]
optelling (de)	adição (f)	[adʒi'sãw]
erbij optellen	somar (vt)	[so'mar]
(bij elkaar voegen)		
optellen (ww)	adicionar (vt)	[adʒisjo'nar]
vermenigvuldiging (de)	multiplicação (f)	[muwtʃiplika'sãw]
vermenigvuldigen (ww)	multiplicar (vt)	[muwtʃipli'kar]

9. Getallen. Diversen

cijfer (het)	algarismo, dígito (m)	[awga'rizmu], ['dʒiʒitu]
nummer (het)	número (m)	['numeru]

telwoord (het)	numeral (m)	[nume'raw]
minteken (het)	sinal (m) de menos	[si'naw de 'menus]
plusteken (het)	mais (m)	[majs]
formule (de)	fórmula (f)	['fɔrmula]

berekening (de)	cálculo (m)	['kawkulu]
tellen (ww)	contar (vt)	[kõ'tar]
bijrekenen (ww)	calcular (vt)	[kawku'lar]
vergelijken (ww)	comparar (vt)	[kõpa'rar]

Hoeveel? (ontelb.)	Quanto?	['kwãtu]
Hoeveel? (telb.)	Quantos? -as?	['kwãtus, -as]

som (de), totaal (het)	soma (f)	['sɔma]
uitkomst (de)	resultado (m)	[hezuw'tadu]
rest (de)	resto (m)	['hɛstu]

enkele (bijv. ~ minuten)	alguns, algumas ...	[aw'gũs], [aw'gumas]
weinig (telb.)	poucos, poucas	['pokus], ['pokas]
een beetje (ontelb.)	um pouco ...	[ũ 'poku]
restant (het)	resto (m)	['hɛstu]
anderhalf	um e meio	[ũ i 'meju]
dozijn (het)	dúzia (f)	['duzja]

middendoor (bw)	ao meio	[aw 'meju]
even (bw)	em partes iguais	[ẽ 'partʃis i'gwais]
helft (de)	metade (f)	[me'tadʒi]
keer (de)	vez (f)	[vez]

10. De belangrijkste werkwoorden. Deel 1

aanbevelen (ww)	recomendar (vt)	[hekomẽ'dar]
aandringen (ww)	insistir (vi)	[ĩsis'tʃir]
aankomen (per auto, enz.)	chegar (vi)	[ʃe'gar]
aanraken (ww)	tocar (vt)	[to'kar]
adviseren (ww)	aconselhar (vt)	[akõse'ʎar]

afdalen (on.ww.)	descer (vi)	[de'ser]
afslaan (naar rechts ~)	virar (vi)	[vi'rar]
antwoorden (ww)	responder (vt)	[hespõ'der]
bang zijn (ww)	ter medo	[ter 'medu]
bedreigen (bijv. met een pistool)	ameaçar (vt)	[amea'sar]

bedriegen (ww)	enganar (vt)	[ẽga'nar]
beëindigen (ww)	acabar, terminar (vt)	[aka'bar], [termi'nar]
beginnen (ww)	começar (vt)	[kome'sar]
begrijpen (ww)	entender (vt)	[ẽtẽ'der]
beheren (managen)	dirigir (vt)	[dʒiri'ʒir]

beledigen (met scheldwoorden)	insultar (vt)	[ĩsuw'tar]
beloven (ww)	prometer (vt)	[prome'ter]
bereiden (koken)	preparar (vt)	[prepa'rar]

bespreken (spreken over)	discutir (vt)	[dʒisku'tʃir]
bestellen (eten ~)	pedir (vt)	[pe'dʒir]
bestraffen (een stout kind ~)	punir (vt)	[pu'nir]
betalen (ww)	pagar (vt)	[pa'gar]
betekenen (beduiden)	significar (vt)	[signifi'kar]
betreuren (ww)	arrepender-se (vr)	[ahepẽ'dersi]
bevallen (prettig vinden)	gostar (vt)	[gos'tar]
bevelen (mil.)	ordenar (vt)	[orde'nar]
bevrijden (stad, enz.)	libertar, liberar (vt)	[liber'tar], [libe'rar]
bewaren (ww)	guardar (vt)	[gwar'dar]
bezitten (ww)	possuir (vt)	[po'swir]
bidden (praten met God)	rezar, orar (vi)	[he'zar], [o'rar]
binnengaan (een kamer ~)	entrar (vi)	[ẽ'trar]
breken (ww)	quebrar (vt)	[ke'brar]
controleren (ww)	controlar (vt)	[kõtro'lar]
creëren (ww)	criar (vt)	[krjar]
deelnemen (ww)	participar (vi)	[partʃisi'par]
denken (ww)	pensar (vi, vt)	[pẽ'sar]
doden (ww)	matar (vt)	[ma'tar]
doen (ww)	fazer (vt)	[fa'zer]
dorst hebben (ww)	ter sede	[ter 'sedʒi]

11. De belangrijkste werkwoorden. Deel 2

een hint geven	dar uma dica	[dar 'uma 'dʒika]
eisen (met klem vragen)	exigir (vt)	[ezi'ʒir]
excuseren (vergeven)	desculpar (vt)	[dʒiskuw'par]
existeren (bestaan)	existir (vi)	[ezis'tʃir]
gaan (te voet)	ir (vi)	[ir]
gaan zitten (ww)	sentar-se (vr)	[sẽ'tarsi]
gaan zwemmen	ir nadar	[ir na'dar]
geven (ww)	dar (vt)	[dar]
glimlachen (ww)	sorrir (vi)	[so'hir]
goed raden (ww)	adivinhar (vt)	[adʒivi'ɲar]
grappen maken (ww)	brincar (vi)	[brĩ'kar]
graven (ww)	cavar (vt)	[ka'var]
hebben (ww)	ter (vt)	[ter]
helpen (ww)	ajudar (vt)	[aʒu'dar]
herhalen (opnieuw zeggen)	repetir (vt)	[hepe'tʃir]
honger hebben (ww)	ter fome	[ter 'fɔmi]
hopen (ww)	esperar (vi, vt)	[ispe'rar]
horen	ouvir (vt)	[o'vir]
(waarnemen met het oor)		
huilen (wenen)	chorar (vi)	[ʃo'rar]
huren (huis, kamer)	alugar (vt)	[alu'gar]
informeren (informatie geven)	informar (vt)	[ĩfor'mar]
instemmen (akkoord gaan)	concordar (vi)	[kõkor'dar]

jagen (ww)	caçar (vi)	[ka'sar]
kennen (kennis hebben van iemand)	conhecer (vt)	[koɲe'ser]
kiezen (ww)	escolher (vt)	[isko'ʎer]
klagen (ww)	queixar-se (vr)	[kej'ʃarsi]

kosten (ww)	custar (vt)	[kus'tar]
kunnen (ww)	poder (vi)	[po'der]
lachen (ww)	rir (vi)	[hir]
laten vallen (ww)	deixar cair (vt)	[dej'ʃar ka'ir]
lezen (ww)	ler (vt)	[ler]

liefhebben (ww)	amar (vt)	[a'mar]
lunchen (ww)	almoçar (vi)	[awmo'sar]
nemen (ww)	pegar (vt)	[pe'gar]
nodig zijn (ww)	ser necessário	[ser nese'sarju]

12. De belangrijkste werkwoorden. Deel 3

onderschatten (ww)	subestimar (vt)	[subestʃi'mar]
ondertekenen (ww)	assinar (vt)	[asi'nar]
ontbijten (ww)	tomar café da manhã	[to'mar ka'fɛ da ma'ɲã]
openen (ww)	abrir (vt)	[a'brir]
ophouden (ww)	cessar (vt)	[se'sar]
opmerken (zien)	perceber (vt)	[perse'ber]

opscheppen (ww)	gabar-se (vr)	[ga'barsi]
opschrijven (ww)	anotar (vt)	[ano'tar]
plannen (ww)	planejar (vt)	[plane'ʒar]
prefereren (verkiezen)	preferir (vt)	[prefe'rir]
proberen (trachten)	tentar (vt)	[tẽ'tar]
redden (ww)	salvar (vt)	[saw'var]

rekenen op ...	contar com ...	[kõ'tar kõ]
rennen (ww)	correr (vi)	[ko'her]
reserveren (een hotelkamer ~)	reservar (vt)	[hezer'var]
roepen (om hulp)	chamar (vt)	[ʃa'mar]
schieten (ww)	disparar, atirar (vi)	[dʒispa'rar], [atʃi'rar]
schreeuwen (ww)	gritar (vi)	[gri'tar]

schrijven (ww)	escrever (vt)	[iskre'ver]
souperen (ww)	jantar (vi)	[ʒã'tar]
spelen (kinderen)	brincar, jogar (vi, vt)	[brĩ'kar], [ʒo'gar]
spreken (ww)	falar (vi)	[fa'lar]
stelen (ww)	roubar (vt)	[ho'bar]
stoppen (pauzeren)	parar (vi)	[pa'rar]

studeren (Nederlands ~)	estudar (vt)	[istu'dar]
sturen (zenden)	enviar (vt)	[ẽ'vjar]
tellen (optellen)	contar (vt)	[kõ'tar]
toebehoren aan ...	pertencer (vt)	[pertẽ'ser]
toestaan (ww)	permitir (vt)	[permi'tʃir]
tonen (ww)	mostrar (vt)	[mos'trar]

twijfelen (onzeker zijn)	duvidar (vt)	[duvi'dar]
uitgaan (ww)	sair (vi)	[sa'ir]
uitnodigen (ww)	convidar (vt)	[kõvi'dar]
uitspreken (ww)	pronunciar (vt)	[pronũ'sjar]
uitvaren tegen (ww)	ralhar, repreender (vt)	[ha'ʎar], [heprjẽ'der]

13. De belangrijkste werkwoorden. Deel 4

vallen (ww)	cair (vi)	[ka'ir]
vangen (ww)	pegar (vt)	[pe'gar]
veranderen (anders maken)	mudar (vt)	[mu'dar]
verbaasd zijn (ww)	surpreender-se (vr)	[surprjẽ'dersi]
verbergen (ww)	esconder (vt)	[iskõ'der]
verdedigen (je land ~)	defender (vt)	[defẽ'der]
verenigen (ww)	unir (vt)	[u'nir]
vergelijken (ww)	comparar (vt)	[kõpa'rar]
vergeten (ww)	esquecer (vt)	[iske'ser]
vergeven (ww)	perdoar (vt)	[per'dwar]
verklaren (uitleggen)	explicar (vt)	[ispli'kar]
verkopen (per stuk ~)	vender (vt)	[vẽ'der]
vermelden (praten over)	mencionar (vt)	[mẽsjo'nar]
versieren (decoreren)	decorar (vt)	[deko'rar]
vertalen (ww)	traduzir (vt)	[tradu'zir]
vertrouwen (ww)	confiar (vt)	[kõ'fjar]
vervolgen (ww)	continuar (vt)	[kõtʃi'nwar]
verwarren (met elkaar ~)	confundir (vt)	[kõfũ'dʒir]
verzoeken (ww)	pedir (vt)	[pe'dʒir]
verzuimen (school, enz.)	faltar a ...	[faw'tar a]
vinden (ww)	encontrar (vt)	[ẽkõ'trar]
vliegen (ww)	voar (vi)	[vo'ar]
volgen (ww)	seguir ...	[se'gir]
voorstellen (ww)	propor (vt)	[pro'por]
voorzien (verwachten)	prever (vt)	[pre'ver]
vragen (ww)	perguntar (vt)	[pergũ'tar]
waarnemen (ww)	observar (vt)	[obser'var]
waarschuwen (ww)	advertir (vt)	[adʒiver'tʃir]
wachten (ww)	esperar (vt)	[ispe'rar]
weerspreken (ww)	objetar (vt)	[obʒe'tar]
weigeren (ww)	negar-se (vt)	[ne'garsi]
werken (ww)	trabalhar (vi)	[traba'ʎar]
weten (ww)	saber (vt)	[sa'ber]
willen (verlangen)	querer (vt)	[ke'rer]
zeggen (ww)	dizer (vt)	[dʒi'zer]
zich haasten (ww)	apressar-se (vr)	[apre'sarsi]
zich interesseren voor ...	interessar-se (vr)	[ĩtere'sarsi]
zich vergissen (ww)	errar (vi)	[e'har]
zich verontschuldigen	desculpar-se (vr)	[dʒiskuw'parsi]

zien (ww)	ver (vt)	[ver]
zoeken (ww)	buscar (vt)	[bus'kar]
zwemmen (ww)	nadar (vi)	[na'dar]
zwijgen (ww)	ficar em silêncio	[fi'kar ẽ si'lẽsju]

14. Kleuren

kleur (de)	cor (f)	[kɔr]
tint (de)	tom (m)	[tõ]
kleurnuance (de)	tonalidade (m)	[tonali'dadʒi]
regenboog (de)	arco-íris (m)	['arku 'iris]
wit (bn)	branco	['brãku]
zwart (bn)	preto	['pretu]
grijs (bn)	cinza	['sĩza]
groen (bn)	verde	['verdʒi]
geel (bn)	amarelo	[ama'rɛlu]
rood (bn)	vermelho	[ver'meʎu]
blauw (bn)	azul	[a'zuw]
lichtblauw (bn)	azul claro	[a'zuw 'klaru]
roze (bn)	rosa	['hɔza]
oranje (bn)	laranja	[la'rãʒa]
violet (bn)	violeta	[vjo'leta]
bruin (bn)	marrom	[ma'hõ]
goud (bn)	dourado	[do'radu]
zilverkleurig (bn)	prateado	[pra'tʃjadu]
beige (bn)	bege	['bɛʒi]
roomkleurig (bn)	creme	['krɛmi]
turkoois (bn)	turquesa	[tur'keza]
kersrood (bn)	vermelho cereja	[ver'meʎu se'reʒa]
lila (bn)	lilás	[li'las]
karmijnrood (bn)	carmim	[kah'mĩ]
licht (bn)	claro	['klaru]
donker (bn)	escuro	[is'kuru]
fel (bn)	vivo	['vivu]
kleur-, kleurig (bn)	de cor	[de kɔr]
kleuren- (abn)	a cores	[a 'kores]
zwart-wit (bn)	preto e branco	['pretu i 'brãku]
eenkleurig (bn)	de uma só cor	[de 'uma sɔ kɔr]
veelkleurig (bn)	multicolor	[muwtʃiko'lor]

15. Vragen

Wie?	Quem?	[kẽj]
Wat?	O que?	[u ki]
Waar?	Onde?	['õdʒi]

Waarheen?	Para onde?	['para 'õdʒi]
Waarvandaan?	De onde?	[de 'õdʒi]
Wanneer?	Quando?	['kwãdu]
Waarom?	Para quê?	['para ke]
Waarom?	Por quê?	[por 'ke]

Waarvoor dan ook?	Para quê?	['para ke]
Hoe?	Como?	['kɔmu]
Wat voor ...?	Qual?	[kwaw]
Welk?	Qual?	[kwaw]

Aan wie?	A quem?	[a kẽj]
Over wie?	De quem?	[de kẽj]
Waarover?	Do quê?	[du ke]
Met wie?	Com quem?	[kõ kẽj]

Hoeveel? (telb.)	Quantos? -as?	['kwãtus, -as]
Hoeveel? (ontelb.)	Quanto?	['kwãtu]
Van wie? (mann.)	De quem?	[de kẽj]

16. Voorzetsels

met (bijv. ~ beleg)	com	[kõ]
zonder (~ accent)	sem	[sẽ]
naar (in de richting van)	a ..., para ...	[a], ['para]
over (praten ~)	sobre ...	['sobri]
voor (in tijd)	antes de ...	['ãtʃis de]
voor (aan de voorkant)	em frente de ...	[ẽ 'frẽtʃi de]

onder (lager dan)	debaixo de ...	[de'baɪʃu de]
boven (hoger dan)	sobre ..., em cima de ...	['sobri], [ẽ 'sima de]
op (bovenop)	em ..., sobre ...	[ẽ], ['sobri]
van (uit, afkomstig van)	de ...	[de]
van (gemaakt van)	de ...	[de]

over (bijv. ~ een uur)	em ...	[ẽ]
over (over de bovenkant)	por cima de ...	[por 'sima de]

17. Functiewoorden. Bijwoorden. Deel 1

Waar?	Onde?	['õdʒi]
hier (bw)	aqui	[a'ki]
daar (bw)	lá, ali	[la], [a'li]

ergens (bw)	em algum lugar	[ẽ aw'gũ lu'gar]
nergens (bw)	em lugar nenhum	[ẽ lu'gar ne'ɲũ]

bij ... (in de buurt)	perto de ...	['pɛrtu de]
bij het raam	perto da janela	['pɛrtu da ʒa'nɛla]

Waarheen?	Para onde?	['para 'õdʒi]
hierheen (bw)	aqui	[a'ki]

daarheen (bw)	para lá	['para la]
hiervandaan (bw)	daqui	[da'ki]
daarvandaan (bw)	de lá, dali	[de la], [da'li]

| dichtbij (bw) | perto | ['pɛrtu] |
| ver (bw) | longe | ['lõʒi] |

in de buurt (van ...)	perto de ...	['pɛrtu de]
dichtbij (bw)	à mão, perto	[a mãw], ['pɛrtu]
niet ver (bw)	não fica longe	['nãw 'fika 'lõʒi]

linker (bn)	esquerdo	[is'kerdu]
links (bw)	à esquerda	[a is'kerda]
linksaf, naar links (bw)	para a esquerda	['para a is'kerda]

rechter (bn)	direito	[dʒi'rejtu]
rechts (bw)	à direita	[a dʒi'rejta]
rechtsaf, naar rechts (bw)	para a direita	['para a dʒi'rejta]

vooraan (bw)	em frente	[ẽ 'frẽtʃi]
voorste (bn)	da frente	[da 'frẽtʃi]
vooruit (bw)	adiante	[a'dʒjãtʃi]

achter (bw)	atrás de ...	[a'trajs de]
van achteren (bw)	de trás	[de trajs]
achteruit (naar achteren)	para trás	['para trajs]

| midden (het) | meio (m), metade (f) | ['meju], [me'tadʒi] |
| in het midden (bw) | no meio | [nu 'meju] |

opzij (bw)	do lado	[du 'ladu]
overal (bw)	em todo lugar	[ẽ 'todu lu'gar]
omheen (bw)	por todos os lados	[por 'todus os 'ladus]

binnenuit (bw)	de dentro	[de 'dẽtru]
naar ergens (bw)	para algum lugar	['para aw'gũ lu'gar]
rechtdoor (bw)	diretamente	[dʒireta'mẽtʃi]
terug (bijv. ~ komen)	de volta	[de 'vɔwta]

| ergens vandaan (bw) | de algum lugar | [de aw'gũ lu'gar] |
| ergens vandaan (en dit geld moet ~ komen) | de algum lugar | [de aw'gũ lu'gar] |

ten eerste (bw)	em primeiro lugar	[ẽ pri'mejru lu'gar]
ten tweede (bw)	em segundo lugar	[ẽ se'gũdu lu'gar]
ten derde (bw)	em terceiro lugar	[ẽ ter'sejru lu'gar]

plotseling (bw)	de repente	[de he'pẽtʃi]
in het begin (bw)	no início	[nu i'nisju]
voor de eerste keer (bw)	pela primeira vez	['pɛla pri'mejra 'vez]
lang voor ... (bw)	muito antes de ...	['mwĩtu 'ãtʃis de]
opnieuw (bw)	de novo	[de 'novu]
voor eeuwig (bw)	para sempre	['para 'sẽpri]

| nooit (bw) | nunca | ['nũka] |
| weer (bw) | de novo | [de 'novu] |

nu (bw)	agora	[a'gɔra]
vaak (bw)	frequentemente	[frekwẽtʃi'mẽtʃi]
toen (bw)	então	[ẽ'tãw]
urgent (bw)	urgentemente	[urʒẽte'mẽtʃi]
meestal (bw)	normalmente	[nɔrmaw'mẽtʃi]

trouwens, ... (tussen haakjes)	a propósito, ...	[a pro'pɔzitu]
mogelijk (bw)	é possível	[ɛ po'sivew]
waarschijnlijk (bw)	provavelmente	[provavɛw'mẽtʃi]
misschien (bw)	talvez	[taw'vez]
trouwens (bw)	além disso, ...	[a'lẽj 'dʒisu]
daarom ...	por isso ...	[por 'isu]
in weerwil van ...	apesar de ...	[ape'zar de]
dankzij ...	graças a ...	['grasas a]

wat (vn)	que	[ki]
dat (vw)	que	[ki]
iets (vn)	algo	[awgu]
iets	alguma coisa	[aw'guma 'kojza]
niets (vn)	nada	['nada]

wie (~ is daar?)	quem	[kẽj]
iemand (een onbekende)	alguém	[aw'gẽj]
iemand (een bepaald persoon)	alguém	[aw'gẽj]

niemand (vn)	ninguém	[nĩ'gẽj]
nergens (bw)	para lugar nenhum	['para lu'gar ne'ɲũ]
niemands (bn)	de ninguém	[de nĩ'gẽj]
iemands (bn)	de alguém	[de aw'gẽj]

zo (Ik ben ~ blij)	tão	[tãw]
ook (evenals)	também	[tã'bẽj]
alsook (eveneens)	também	[tã'bẽj]

18. Functiewoorden. Bijwoorden. Deel 2

Waarom?	Por quê?	[por 'ke]
om een bepaalde reden	por alguma razão	[por aw'guma ha'zãw]
omdat ...	porque ...	[por'ke]
voor een bepaald doel	por qualquer razão	[por kwaw'ker ha'zãw]

en (vw)	e	[i]
of (vw)	ou	['o]
maar (vw)	mas	[mas]
voor (vz)	para	['para]

te (~ veel mensen)	muito, demais	['mwĩtu], [dʒi'majs]
alleen (bw)	só, somente	[sɔ], [sɔ'mẽtʃi]
precies (bw)	exatamente	[ɛzata'mẽtʃi]
ongeveer (~ 10 kg)	cerca de ...	['serka de]
omstreeks (bw)	aproximadamente	[aprosimada'mẽti]
bij benadering (bn)	aproximado	[aprosi'madu]

bijna (bw)	quase	['kwazi]
rest (de)	resto (m)	['hɛstu]

de andere (tweede)	o outro	[u 'otru]
ander (bn)	outro	['otru]
elk (bn)	cada	['kada]
om het even welk	qualquer	[kwaw'ker]
veel (telb.)	muitos, muitas	['mwĩtos], ['mwĩtas]
veel (ontelb.)	muito	['mwĩtu]
veel mensen	muitas pessoas	['mwĩtas pe'soas]
iedereen (alle personen)	todos	['todus]

in ruil voor ...	em troca de ...	[ẽ 'trɔka de]
in ruil (bw)	em troca	[ẽ 'trɔka]
met de hand (bw)	à mão	[a mãw]
onwaarschijnlijk (bw)	pouco provável	['poku pro'vavew]

waarschijnlijk (bw)	provavelmente	[provavɛw'mẽtʃi]
met opzet (bw)	de propósito	[de pro'pozitu]
toevallig (bw)	por acidente	[por asi'dẽtʃi]

zeer (bw)	muito	['mwĩtu]
bijvoorbeeld (bw)	por exemplo	[por e'zẽplu]
tussen (~ twee steden)	entre	['ẽtri]
tussen (te midden van)	entre, no meio de ...	['ẽtri], [nu 'meju de]
zoveel (bw)	tanto	['tãtu]
vooral (bw)	especialmente	[ispesjal'mẽte]

Basisbegrippen Deel 2

19. Dagen van de week

maandag (de)	segunda-feira (f)	[se'gũda-'fejra]
dinsdag (de)	terça-feira (f)	['tersa 'fejra]
woensdag (de)	quarta-feira (f)	['kwarta-'fejra]
donderdag (de)	quinta-feira (f)	['kĩta-'fejra]
vrijdag (de)	sexta-feira (f)	['sesta-'fejra]
zaterdag (de)	sábado (m)	['sabadu]
zondag (de)	domingo (m)	[do'mĩgu]

vandaag (bw)	hoje	['oʒi]
morgen (bw)	amanhã	[ama'ɲã]
overmorgen (bw)	depois de amanhã	[de'pojs de ama'ɲã]
gisteren (bw)	ontem	['õtẽ]
eergisteren (bw)	anteontem	[ãtʃi'õtẽ]

dag (de)	dia (m)	['dʒia]
werkdag (de)	dia (m) de trabalho	['dʒia de tra'baʎu]
feestdag (de)	feriado (m)	[fe'rjadu]
verlofdag (de)	dia (m) de folga	['dʒia de 'fɔwga]
weekend (het)	fim (m) de semana	[fĩ de se'mana]

de hele dag (bw)	o dia todo	[u 'dʒia 'todu]
de volgende dag (bw)	no dia seguinte	[nu 'dʒia se'gĩtʃi]
twee dagen geleden	há dois dias	[a 'dojs 'dʒias]
aan de vooravond (bw)	na véspera	[na 'vɛspera]
dag-, dagelijks (bn)	diário	['dʒjarju]
elke dag (bw)	todos os dias	['todus us 'dʒias]

week (de)	semana (f)	[se'mana]
vorige week (bw)	na semana passada	[na se'mana pa'sada]
volgende week (bw)	semana que vem	[se'mana ke vẽj]
wekelijks (bn)	semanal	[sema'naw]
elke week (bw)	toda semana	['tɔda se'mana]
twee keer per week	duas vezes por semana	['duas 'vezis por se'mana]
elke dinsdag	toda terça-feira	['tɔda tersa 'fejra]

20. Uren. Dag en nacht

morgen (de)	manhã (f)	[ma'ɲã]
's morgens (bw)	de manhã	[de ma'ɲã]
middag (de)	meio-dia (m)	['meju 'dʒia]
's middags (bw)	à tarde	[a 'tardʒi]

avond (de)	tardinha (f)	[tar'dʒiɲa]
's avonds (bw)	à tardinha	[a tar'dʒiɲa]

nacht (de)	noite (f)	['nojtʃi]
's nachts (bw)	à noite	[a 'nojtʃi]
middernacht (de)	meia-noite (f)	['meja 'nojtʃi]

seconde (de)	segundo (m)	[se'gũdu]
minuut (de)	minuto (m)	[mi'nutu]
uur (het)	hora (f)	['ɔra]
halfuur (het)	meia hora (f)	['meja 'ɔra]
kwartier (het)	quarto (m) de hora	['kwartu de 'ɔra]
vijftien minuten	quinze minutos	['kĩzi mi'nutus]
etmaal (het)	vinte e quatro horas	['vĩtʃi i 'kwatru 'ɔras]

zonsopgang (de)	nascer (m) do sol	[na'ser du sɔw]
dageraad (de)	amanhecer (m)	[amaɲe'ser]
vroege morgen (de)	madrugada (f)	[madru'gada]
zonsondergang (de)	pôr-do-sol (m)	[por du 'sɔw]

's morgens vroeg (bw)	de madrugada	[de madru'gada]
vanmorgen (bw)	esta manhã	['ɛsta ma'ɲã]
morgenochtend (bw)	amanhã de manhã	[ama'ɲã de ma'ɲã]

vanmiddag (bw)	esta tarde	['ɛsta 'tardʒi]
's middags (bw)	à tarde	[a 'tardʒi]
morgenmiddag (bw)	amanhã à tarde	[ama'ɲã a 'tardʒi]

vanavond (bw)	esta noite, hoje à noite	['ɛsta 'nojtʃi], ['oʒi a 'nojtʃi]
morgenavond (bw)	amanhã à noite	[ama'ɲã a 'nojtʃi]

klokslag drie uur	às três horas em ponto	[as tres 'ɔras ẽ 'põtu]
ongeveer vier uur	por volta das quatro	[por 'vɔwta das 'kwatru]
tegen twaalf uur	às doze	[as 'dozi]

over twintig minuten	em vinte minutos	[ẽ 'vĩtʃi mi'nutus]
over een uur	em uma hora	[ẽ 'uma 'ɔra]
op tijd (bw)	a tempo	[a 'tẽpu]

kwart voor ...	... um quarto para	[... ũ 'kwartu 'para]
binnen een uur	dentro de uma hora	['dẽtru de 'uma 'ɔra]
elk kwartier	a cada quinze minutos	[a 'kada 'kĩzi mi'nutus]
de klok rond	as vinte e quatro horas	[as 'vĩtʃi i 'kwatru 'ɔras]

21. Maanden. Seizoenen

januari (de)	janeiro (m)	[ʒa'nejru]
februari (de)	fevereiro (m)	[feve'rejru]
maart (de)	março (m)	['marsu]
april (de)	abril (m)	[a'briw]
mei (de)	maio (m)	['maju]
juni (de)	junho (m)	['ʒuɲu]

juli (de)	julho (m)	['ʒuʎu]
augustus (de)	agosto (m)	[a'gostu]
september (de)	setembro (m)	[se'tẽbru]
oktober (de)	outubro (m)	[o'tubru]

november (de)	novembro (m)	[no'vẽbru]
december (de)	dezembro (m)	[de'zẽbru]
lente (de)	primavera (f)	[prima'vɛra]
in de lente (bw)	na primavera	[na prima'vɛra]
lente- (abn)	primaveril	[primave'riw]
zomer (de)	verão (m)	[ve'rãw]
in de zomer (bw)	no verão	[nu ve'rãw]
zomer-, zomers (bn)	de verão	[de ve'rãw]
herfst (de)	outono (m)	[o'tɔnu]
in de herfst (bw)	no outono	[nu o'tɔnu]
herfst- (abn)	outonal	[oto'naw]
winter (de)	inverno (m)	[ĩ'vɛrnu]
in de winter (bw)	no inverno	[nu ĩ'vɛrnu]
winter- (abn)	de inverno	[de ĩ'vɛrnu]
maand (de)	mês (m)	[mes]
deze maand (bw)	este mês	['estʃi mes]
volgende maand (bw)	mês que vem	['mes ki vẽj]
vorige maand (bw)	no mês passado	[no mes pa'sadu]
een maand geleden (bw)	um mês atrás	[ũ 'mes a'trajs]
over een maand (bw)	em um mês	[ẽ ũ mes]
over twee maanden (bw)	em dois meses	[ẽ dojs 'mezis]
de hele maand (bw)	todo o mês	['todu u mes]
een volle maand (bw)	um mês inteiro	[ũ mes ĩ'tejru]
maand-, maandelijks (bn)	mensal	[mẽ'saw]
maandelijks (bw)	mensalmente	[mẽsaw'mẽtʃi]
elke maand (bw)	todo mês	['todu 'mes]
twee keer per maand	duas vezes por mês	['duas 'vezis por mes]
jaar (het)	ano (m)	['anu]
dit jaar (bw)	este ano	['estʃi 'anu]
volgend jaar (bw)	ano que vem	['anu ki vẽj]
vorig jaar (bw)	no ano passado	[nu 'anu pa'sadu]
een jaar geleden (bw)	há um ano	[a ũ 'anu]
over een jaar	em um ano	[ẽ ũ 'anu]
over twee jaar	dentro de dois anos	['dẽtru de 'dojs 'anus]
het hele jaar	todo o ano	['todu u 'anu]
een vol jaar	um ano inteiro	[ũ 'anu ĩ'tejru]
elk jaar	cada ano	['kada 'anu]
jaar-, jaarlijks (bn)	anual	[a'nwaw]
jaarlijks (bw)	anualmente	[anwaw'mẽte]
4 keer per jaar	quatro vezes por ano	['kwatru 'vezis por 'anu]
datum (de)	data (f)	['data]
datum (de)	data (f)	['data]
kalender (de)	calendário (m)	[kalẽ'darju]
een half jaar	meio ano	['meju 'anu]
zes maanden	seis meses	[sejs 'mezis]

| seizoen (bijv. lente, zomer) | estação (f) | [ista'sãw] |
| eeuw (de) | século (m) | ['sɛkulu] |

22. Meeteenheden

gewicht (het)	peso (m)	['pezu]
lengte (de)	comprimento (m)	[kõpri'mẽtu]
breedte (de)	largura (f)	[lar'gura]
hoogte (de)	altura (f)	[aw'tura]
diepte (de)	profundidade (f)	[profũdʒi'dadʒi]
volume (het)	volume (m)	[vo'lumi]
oppervlakte (de)	área (f)	['arja]

gram (het)	grama (m)	['grama]
milligram (het)	miligrama (m)	[mili'grama]
kilogram (het)	quilograma (m)	[kilo'grama]
ton (duizend kilo)	tonelada (f)	[tune'lada]
pond (het)	libra (f)	['libra]
ons (het)	onça (f)	['õsa]

meter (de)	metro (m)	['mɛtru]
millimeter (de)	milímetro (m)	[mi'limetru]
centimeter (de)	centímetro (m)	[sẽ'tʃimetru]
kilometer (de)	quilômetro (m)	[ki'lometru]
mijl (de)	milha (f)	['miʎa]

duim (de)	polegada (f)	[pole'gada]
voet (de)	pé (m)	[pɛ]
yard (de)	jarda (f)	['ʒarda]

| vierkante meter (de) | metro (m) quadrado | ['mɛtru kwa'dradu] |
| hectare (de) | hectare (m) | [ek'tari] |

liter (de)	litro (m)	['litru]
graad (de)	grau (m)	[graw]
volt (de)	volt (m)	['vɔwtʃi]
ampère (de)	ampère (m)	[ã'pɛri]
paardenkracht (de)	cavalo (m) de potência	[ka'valu de po'tẽsja]

hoeveelheid (de)	quantidade (f)	[kwãtʃi'dadʒi]
een beetje ...	um pouco de ...	[ũ 'poku de]
helft (de)	metade (f)	[me'tadʒi]

| dozijn (het) | dúzia (f) | ['duzja] |
| stuk (het) | peça (f) | ['pɛsa] |

| afmeting (de) | tamanho (m), dimensão (f) | [ta'maɲu], [dʒimẽ'sãw] |
| schaal (bijv. ~ van 1 op 50) | escala (f) | [is'kala] |

minimaal (bn)	mínimo	['minimu]
minste (bn)	menor, mais pequeno	[me'nɔr], [majs pe'kenu]
medium (bn)	médio	['mɛdʒju]
maximaal (bn)	máximo	['masimu]
grootste (bn)	maior, mais grande	[ma'jɔr], [majs 'grãdʒi]

23. Containers

glazen pot (de)	pote (m) de vidro	['pɔtʃi de 'vidru]
blik (conserven~)	lata (f)	['lata]
emmer (de)	balde (m)	['bawdʒi]
ton (bijv. regenton)	barril (m)	[ba'hiw]
ronde waterbak (de)	bacia (f)	[ba'sia]
tank (bijv. watertank-70-ltr)	tanque (m)	['tãki]
heupfles (de)	cantil (m) de bolso	[kã'tʃiw dʒi 'bowsu]
jerrycan (de)	galão (m) de gasolina	[ga'lãw de gazo'lina]
tank (bijv. ketelwagen)	cisterna (f)	[sis'tɛrna]
beker (de)	caneca (f)	[ka'nɛka]
kopje (het)	xícara (f)	['ʃikara]
schoteltje (het)	pires (m)	['piris]
glas (het)	copo (m)	['kɔpu]
wijnglas (het)	taça (f) de vinho	['tasa de 'viɲu]
pan (de)	panela (f)	[pa'nɛla]
fles (de)	garrafa (f)	[ga'hafa]
flessenhals (de)	gargalo (m)	[gar'galu]
karaf (de)	jarra (f)	['ʒaha]
kruik (de)	jarro (m)	['ʒahu]
vat (het)	recipiente (m)	[hesi'pjẽtʃi]
pot (de)	pote (m)	['pɔtʃi]
vaas (de)	vaso (m)	['vazu]
flacon (de)	frasco (m)	['frasku]
flesje (het)	frasquinho (m)	[fras'kiɲu]
tube (bijv. ~ tandpasta)	tubo (m)	['tubu]
zak (bijv. ~ aardappelen)	saco (m)	['saku]
tasje (het)	sacola (f)	[sa'kɔla]
pakje (~ sigaretten, enz.)	maço (m)	['masu]
doos (de)	caixa (f)	['kaɪʃa]
kist (de)	caixote (m)	[kaj'ʃɔtʃi]
mand (de)	cesto (m)	['sestu]

MENS

Mens. Het lichaam

24. Hoofd

hoofd (het)	cabeça (f)	[ka'besa]
gezicht (het)	rosto, cara (f)	['hostu], ['kara]
neus (de)	nariz (m)	[na'riz]
mond (de)	boca (f)	['bɔka]
oog (het)	olho (m)	['oʎu]
ogen (mv.)	olhos (m pl)	['oʎus]
pupil (de)	pupila (f)	[pu'pila]
wenkbrauw (de)	sobrancelha (f)	[sobrã'seʎa]
wimper (de)	cílio (f)	['silju]
ooglid (het)	pálpebra (f)	['pawpebra]
tong (de)	língua (f)	['lĩgwa]
tand (de)	dente (m)	['dẽtʃi]
lippen (mv.)	lábios (m pl)	['labjus]
jukbeenderen (mv.)	maçãs (f pl) do rosto	[ma'sãs du 'hostu]
tandvlees (het)	gengiva (f)	[ʒẽ'ʒiva]
gehemelte (het)	palato (m)	[pa'latu]
neusgaten (mv.)	narinas (f pl)	[na'rinas]
kin (de)	queixo (m)	['kejʃu]
kaak (de)	mandíbula (f)	[mã'dʒibula]
wang (de)	bochecha (f)	[bo'ʃeʃa]
voorhoofd (het)	testa (f)	['tɛsta]
slaap (de)	têmpora (f)	['tẽpora]
oor (het)	orelha (f)	[o'reʎa]
achterhoofd (het)	costas (f pl) da cabeça	['kɔstas da ka'besa]
hals (de)	pescoço (m)	[pes'kosu]
keel (de)	garganta (f)	[gar'gãta]
haren (mv.)	cabelo (m)	[ka'belu]
kapsel (het)	penteado (m)	[pẽ'tʃjadu]
haarsnit (de)	corte (m) de cabelo	['kɔrtʃi de ka'belu]
pruik (de)	peruca (f)	[pe'ruka]
snor (de)	bigode (m)	[bi'gɔdʒi]
baard (de)	barba (f)	['barba]
dragen (een baard, enz.)	ter (vt)	[ter]
vlecht (de)	trança (f)	['trãsa]
bakkebaarden (mv.)	suíças (f pl)	['swisas]
ros (roodachtig, rossig)	ruivo	['hwivu]
grijs (~ haar)	grisalho	[gri'zaʎu]

| kaal (bn) | careca | [ka'rɛka] |
| kale plek (de) | calva (f) | ['kawvu] |

| paardenstaart (de) | rabo-de-cavalo (m) | ['habu-de-ka'valu] |
| pony (de) | franja (f) | ['frãʒa] |

25. Menselijk lichaam

| hand (de) | mão (f) | [mãw] |
| arm (de) | braço (m) | ['brasu] |

vinger (de)	dedo (m)	['dedu]
teen (de)	dedo (m) do pé	['dedu du pɛ]
duim (de)	polegar (m)	[pole'gar]
pink (de)	dedo (m) mindinho	['dedu mĩ'dʒiɲu]
nagel (de)	unha (f)	['uɲa]

vuist (de)	punho (m)	['puɲu]
handpalm (de)	palma (f)	['pawma]
pols (de)	pulso (m)	['puwsu]
voorarm (de)	antebraço (m)	[ãtʃi'brasu]
elleboog (de)	cotovelo (m)	[koto'velu]
schouder (de)	ombro (m)	['õbru]

been (rechter ~)	perna (f)	['pɛrna]
voet (de)	pé (m)	[pɛ]
knie (de)	joelho (m)	[ʒo'eʎu]
kuit (de)	panturrilha (f)	[pãtu'hiʎa]
heup (de)	quadril (m)	[kwa'driw]
hiel (de)	calcanhar (m)	[kawka'ɲar]

lichaam (het)	corpo (m)	['korpu]
buik (de)	barriga (f), ventre (m)	[ba'higa], ['vẽtri]
borst (de)	peito (m)	['pejtu]
borst (de)	seio (m)	['seju]
zijde (de)	lado (m)	['ladu]
rug (de)	costas (f pl)	['kɔstas]
lage rug (de)	região (f) lombar	[he'ʒjãw lõ'bar]
taille (de)	cintura (f)	[sĩ'tura]

navel (de)	umbigo (m)	[ũ'bigu]
billen (mv.)	nádegas (f pl)	['nadegas]
achterwerk (het)	traseiro (m)	[tra'zejru]

huidvlek (de)	sinal (m), pinta (f)	[si'naw], ['pĩta]
moedervlek (de)	sinal (m) de nascença	[si'naw de na'sẽsa]
tatoeage (de)	tatuagem (f)	[ta'twaʒẽ]
litteken (het)	cicatriz (f)	[sika'triz]

Kleding en accessoires

26. Bovenkleding. Jassen

kleren (mv.)	roupa (f)	['hopa]
bovenkleding (de)	roupa (f) exterior	['hopa iste'rjor]
winterkleding (de)	roupa (f) de inverno	['hopa de ĩ'vɛrnu]
jas (de)	sobretudo (m)	[sobri'tudu]
bontjas (de)	casaco (m) de pele	[kaz'aku de 'pɛli]
bontjasje (het)	jaqueta (f) de pele	[ʒa'keta de 'pɛli]
donzen jas (de)	casaco (m) acolchoado	[ka'zaku akow'ʃwadu]
jasje (bijv. een leren ~)	casaco (m), jaqueta (f)	[kaz'aku], [ʒa'keta]
regenjas (de)	impermeável (m)	[ĩper'mjavew]
waterdicht (bn)	a prova d'água	[a 'prɔva 'dagwa]

27. Heren & dames kleding

overhemd (het)	camisa (f)	[ka'miza]
broek (de)	calça (f)	['kawsa]
jeans (de)	jeans (m)	['dʒins]
colbert (de)	paletó, terno (m)	[pale'tɔ], ['tɛrnu]
kostuum (het)	terno (m)	['tɛrnu]
jurk (de)	vestido (m)	[ves'tʃidu]
rok (de)	saia (f)	['saja]
blouse (de)	blusa (f)	['bluza]
wollen vest (de)	casaco (m) de malha	[ka'zaku de 'maʎa]
blazer (kort jasje)	casaco, blazer (m)	[ka'zaku], ['blejzer]
T-shirt (het)	camiseta (f)	[kami'zɛta]
shorts (mv.)	short (m)	['ʃɔrtʃi]
trainingspak (het)	training (m)	['trejnĩŋ]
badjas (de)	roupão (m) de banho	[ho'pãw de 'baɲu]
pyjama (de)	pijama (m)	[pi'ʒama]
sweater (de)	suéter (m)	['swɛter]
pullover (de)	pulôver (m)	[pu'lover]
gilet (het)	colete (m)	[ko'letʃi]
rokkostuum (het)	fraque (m)	['fraki]
smoking (de)	smoking (m)	[iz'mokĩs]
uniform (het)	uniforme (m)	[uni'fɔrmi]
werkkleding (de)	roupa (f) de trabalho	['hopa de tra'baʎu]
overall (de)	macacão (m)	[maka'kãws]
doktersjas (de)	jaleco (m), bata (f)	[ʒa'lɛku], ['bata]

28. Kleding. Ondergoed

ondergoed (het)	roupa (f) íntima	['hopa 'itʃima]
herenslip (de)	cueca boxer (f)	['kwɛka 'bɔkser]
slipjes (mv.)	calcinha (f)	[kaw'siɲa]
onderhemd (het)	camiseta (f)	[kami'zɛta]
sokken (mv.)	meias (f pl)	['mejas]
nachthemd (het)	camisola (f)	[kami'zɔla]
beha (de)	sutiã (m)	[su'tʃjã]
kniekousen (mv.)	meias longas (f pl)	['mejas 'lõgas]
panty (de)	meias-calças (f pl)	['mejas 'kalsas]
nylonkousen (mv.)	meias (f pl)	['mejas]
badpak (het)	maiô (m)	[ma'jo]

29. Hoofddeksels

hoed (de)	chapéu (m), touca (f)	[ʃa'pɛw], ['toka]
deukhoed (de)	chapéu (m) de feltro	[ʃa'pɛw de 'fewtru]
honkbalpet (de)	boné (m) de beisebol	[bo'nɛ de bejsi'bɔw]
kleppet (de)	boina (f)	['bojna]
baret (de)	boina (f) francesa	['bojna frã'seza]
kap (de)	capuz (m)	[ka'puz]
panamahoed (de)	chapéu panamá (m)	[ʃa'pɛw pana'ma]
gebreide muts (de)	touca (f)	['toka]
hoofddoek (de)	lenço (m)	['lẽsu]
dameshoed (de)	chapéu (m) feminino	[ʃa'pɛw femi'ninu]
veiligheidshelm (de)	capacete (m)	[kapa'setʃi]
veldmuts (de)	bibico (m)	[bi'biko]
helm, valhelm (de)	capacete (m)	[kapa'setʃi]
bolhoed (de)	chapéu-coco (m)	[ʃa'pɛw 'koku]
hoge hoed (de)	cartola (f)	[kar'tɔla]

30. Schoeisel

schoeisel (het)	calçado (m)	[kaw'sadu]
schoenen (mv.)	botinas (f pl), sapatos (m pl)	[bo'tʃinas], [sapa'tõjs]
vrouwenschoenen (mv.)	sapatos (m pl)	[sa'patus]
laarzen (mv.)	botas (f pl)	['bɔtas]
pantoffels (mv.)	pantufas (f pl)	[pã'tufas]
sportschoenen (mv.)	tênis (m pl)	['tenis]
sneakers (mv.)	tênis (m pl)	['tenis]
sandalen (mv.)	sandálias (f pl)	[sã'dalias]
schoenlapper (de)	sapateiro (m)	[sapa'tejru]
hiel (de)	salto (m)	['sawtu]

Nederlands	Portugees	Uitspraak
paar (een ~ schoenen)	par (m)	[par]
veter (de)	cadarço (m)	[ka'darsu]
rijgen (schoenen ~)	amarrar os cadarços	[ama'har us ka'darsus]
schoenlepel (de)	calçadeira (f)	[kawsa'dejra]
schoensmeer (de/het)	graxa (f) para calçado	['graʃa 'para kaw'sadu]

31. Persoonlijke accessoires

handschoenen (mv.)	luva (f)	['luva]
wanten (mv.)	mitenes (f pl)	[mi'tɛnes]
sjaal (fleece ~)	cachecol (m)	[kaʃe'kɔw]
bril (de)	óculos (m pl)	['ɔkulus]
brilmontuur (het)	armação (f)	[arma'sãw]
paraplu (de)	guarda-chuva (m)	['gwarda 'ʃuva]
wandelstok (de)	bengala (f)	[bẽ'gala]
haarborstel (de)	escova (f) para o cabelo	[is'kova 'para u ka'belu]
waaier (de)	leque (m)	['lɛki]
das (de)	gravata (f)	[gra'vata]
strikje (het)	gravata-borboleta (f)	[gra'vata borbo'leta]
bretels (mv.)	suspensórios (m pl)	[suspẽ'sɔrjus]
zakdoek (de)	lenço (m)	['lẽsu]
kam (de)	pente (m)	['pẽtʃi]
haarspeldje (het)	fivela (f) para cabelo	[fi'vɛla 'para ka'belu]
schuifspeldje (het)	grampo (m)	['grãpu]
gesp (de)	fivela (f)	[fi'vɛla]
broekriem (de)	cinto (m)	['sĩtu]
draagriem (de)	alça (f) de ombro	['awsa de 'õbru]
handtas (de)	bolsa (f)	['bowsa]
damestas (de)	bolsa, carteira (f)	['bowsa], [kar'tejra]
rugzak (de)	mochila (f)	[mo'ʃila]

32. Kleding. Diversen

mode (de)	moda (f)	['mɔda]
de mode (bn)	na moda	[na 'mɔda]
kledingstilist (de)	estilista (m)	[istʃi'lista]
kraag (de)	colarinho (m)	[kola'riɲu]
zak (de)	bolso (m)	['bowsu]
zak- (abn)	de bolso	[de 'bowsu]
mouw (de)	manga (f)	['mãga]
lusje (het)	ganchinho (m)	[gã'ʃiɲu]
gulp (de)	bragueta (f)	[bra'gwetʃi]
rits (de)	zíper (m)	['ziper]
sluiting (de)	colchete (m)	[kow'ʃetʃi]
knoop (de)	botão (m)	[bo'tãw]

knoopsgat (het)	botoeira (f)	[bo'twejra]
losraken (bijv. knopen)	soltar-se (vr)	[sow'tarsi]
naaien (kleren, enz.)	costurar (vi)	[kostu'rar]
borduren (ww)	bordar (vt)	[bor'dar]
borduursel (het)	bordado (m)	[bor'dadu]
naald (de)	agulha (f)	[a'guʎa]
draad (de)	fio, linha (f)	['fiu], ['liɲa]
naad (de)	costura (f)	[kos'tura]
vies worden (ww)	sujar-se (vr)	[su'ʒarsi]
vlek (de)	mancha (f)	['mãʃa]
gekreukt raken (ov. kleren)	amarrotar-se (vr)	[amaho'tarse]
scheuren (ov.ww.)	rasgar (vt)	[haz'gar]
mot (de)	traça (f)	['trasa]

33. Persoonlijke verzorging. Schoonheidsmiddelen

tandpasta (de)	pasta (f) de dente	['pasta de 'dẽtʃi]
tandenborstel (de)	escova (f) de dente	[is'kova de 'dẽtʃi]
tanden poetsen (ww)	escovar os dentes	[isko'var us 'dẽtʃis]
scheermes (het)	gilete (f)	[ʒi'lɛtʃi]
scheerschuim (het)	creme (m) de barbear	['krɛmi de bar'bjar]
zich scheren (ww)	barbear-se (vr)	[bar'bjarsi]
zeep (de)	sabonete (m)	[sabo'netʃi]
shampoo (de)	xampu (m)	[ʃã'pu]
schaar (de)	tesoura (f)	[te'zora]
nagelvijl (de)	lixa (f) de unhas	['liʃa de 'uɲas]
nagelknipper (de)	corta-unhas (m)	['kɔrta 'uɲas]
pincet (het)	pinça (f)	['pĩsa]
cosmetica (mv.)	cosméticos (m pl)	[koz'mɛtʃikus]
masker (het)	máscara (f)	['maskara]
manicure (de)	manicure (f)	[mani'kuri]
manicure doen	fazer as unhas	[fa'zer as 'uɲas]
pedicure (de)	pedicure (f)	[pedi'kure]
cosmetica tasje (het)	bolsa (f) de maquiagem	['bowsa de ma'kjaʒẽ]
poeder (de/het)	pó (m)	[pɔ]
poederdoos (de)	pó (m) compacto	[pɔ kõ'paktu]
rouge (de)	blush (m)	[blaʃ]
parfum (de/het)	perfume (m)	[per'fumi]
eau de toilet (de)	água-de-colônia (f)	['agwa de ko'lonja]
lotion (de)	loção (f)	[lo'sãw]
eau de cologne (de)	colônia (f)	[ko'lonja]
oogschaduw (de)	sombra (f) de olhos	['sõbra de 'oʎus]
oogpotlood (het)	delineador (m)	[delinja'dor]
mascara (de)	máscara (f), rímel (m)	['maskara], ['himew]
lippenstift (de)	batom (m)	['batõ]

35

nagellak (de)	esmalte (m)	[iz'mawtʃi]
haarlak (de)	laquê (m), spray fixador (m)	[la'ke], [is'prej fiksa'dor]
deodorant (de)	desodorante (m)	[dʒizodo'rãtʃi]

crème (de)	creme (m)	['krɛmi]
gezichtscrème (de)	creme (m) de rosto	['krɛmi de 'hostu]
handcrème (de)	creme (m) de mãos	['krɛmi de 'mãws]
antirimpelcrème (de)	creme (m) antirrugas	['krɛmi ãtʃi'hugas]
dagcrème (de)	creme (m) de dia	['krɛmi de 'dʒia]
nachtcrème (de)	creme (m) de noite	['krɛmi de 'nojtʃi]
dag- (abn)	de dia	[de 'dʒia]
nacht- (abn)	da noite	[da 'nojtʃi]

tampon (de)	absorvente (m) interno	[absor'vẽtʃi ĩ'tɛrnu]
toiletpapier (het)	papel (m) higiênico	[pa'pɛw i'ʒjeniku]
föhn (de)	secador (m) de cabelo	[seka'dor de ka'belu]

34. Horloges. Klokken

polshorloge (het)	relógio (m) de pulso	[he'lɔʒu de 'puwsu]
wijzerplaat (de)	mostrador (m)	[mostra'dor]
wijzer (de)	ponteiro (m)	[põ'tejru]
metalen horlogeband (de)	bracelete (f) em aço	[brase'letʃi ẽ 'asu]
horlogebandje (het)	bracelete (f) em couro	[brase'letʃi ẽ 'koru]

batterij (de)	pilha (f)	['piʎa]
leeg zijn (ww)	acabar (vi)	[aka'bar]
batterij vervangen	trocar a pilha	[tro'kar a 'piʎa]
voorlopen (ww)	estar adiantado	[is'tar adʒiã'tadu]
achterlopen (ww)	estar atrasado	[is'tar atra'zadu]

wandklok (de)	relógio (m) de parede	[he'lɔʒu de pa'redʒi]
zandloper (de)	ampulheta (f)	[ãpu'ʎeta]
zonnewijzer (de)	relógio (m) de sol	[he'lɔʒu de sɔw]
wekker (de)	despertador (m)	[dʒisperta'dor]
horlogemaker (de)	relojoeiro (m)	[helo'ʒwejru]
repareren (ww)	reparar (vt)	[hepa'rar]

Voedsel. Voeding

35. Voedsel

vlees (het)	carne (f)	['karnɪ]
kip (de)	galinha (f)	[ga'liɲa]
kuiken (het)	frango (m)	['frãgu]
eend (de)	pato (m)	['patu]
gans (de)	ganso (m)	['gãsu]
wild (het)	caça (f)	['kasa]
kalkoen (de)	peru (m)	[pe'ru]
varkensvlees (het)	carne (f) de porco	['karni de 'porku]
kalfsvlees (het)	carne (f) de vitela	['karni de vi'tɛla]
schapenvlees (het)	carne (f) de carneiro	['karni de kar'nejru]
rundvlees (het)	carne (f) de vaca	['karni de 'vaka]
konijnenvlees (het)	carne (f) de coelho	['karni de ko'eʎu]
worst (de)	linguiça (f), salsichão (m)	[lĩ'gwisa], [sawsi'ʃãw]
saucijs (de)	salsicha (f)	[saw'siʃa]
spek (het)	bacon (m)	['bejkõ]
ham (de)	presunto (m)	[pre'zũtu]
gerookte achterham (de)	pernil (m) de porco	[per'niw de 'porku]
paté (de)	patê (m)	[pa'te]
lever (de)	fígado (m)	['figadu]
gehakt (het)	guisado (m)	[gi'zadu]
tong (de)	língua (f)	['lĩgwa]
ei (het)	ovo (m)	['ovu]
eieren (mv.)	ovos (m pl)	['ɔvus]
eiwit (het)	clara (f) de ovo	['klara de 'ovu]
eigeel (het)	gema (f) de ovo	['ʒɛma de 'ovu]
vis (de)	peixe (m)	['pejʃi]
zeevruchten (mv.)	mariscos (m pl)	[ma'riskus]
schaaldieren (mv.)	crustáceos (m pl)	[krus'tasjus]
kaviaar (de)	caviar (m)	[ka'vjar]
krab (de)	caranguejo (m)	[karã'geʒu]
garnaal (de)	camarão (m)	[kama'rãw]
oester (de)	ostra (f)	['ostra]
langoest (de)	lagosta (f)	[la'gosta]
octopus (de)	polvo (m)	['powvu]
inktvis (de)	lula (f)	['lula]
steur (de)	esturjão (m)	[istur'ʒãw]
zalm (de)	salmão (m)	[saw'mãw]
heilbot (de)	halibute (m)	[ali'butʃi]
kabeljauw (de)	bacalhau (m)	[baka'ʎaw]

makreel (de)	cavala, sarda (f)	[ka'vala], ['sarda]
tonijn (de)	atum (m)	[a'tũ]
paling (de)	enguia (f)	[ẽ'gia]
forel (de)	truta (f)	['truta]
sardine (de)	sardinha (f)	[sar'dʒiɲa]
snoek (de)	lúcio (m)	['lusju]
haring (de)	arenque (m)	[a'rẽki]
brood (het)	pão (m)	[pãw]
kaas (de)	queijo (m)	['kejʒu]
suiker (de)	açúcar (m)	[a'sukar]
zout (het)	sal (m)	[saw]
rijst (de)	arroz (m)	[a'hoz]
pasta (de)	massas (f pl)	['masas]
noedels (mv.)	talharim, miojo (m)	[taʎa'rĩ], [mi'oʒu]
boter (de)	manteiga (f)	[mã'tejga]
plantaardige olie (de)	óleo (m) vegetal	['ɔlju veʒe'taw]
zonnebloemolie (de)	óleo (m) de girassol	['ɔlju de ʒira'sow]
margarine (de)	margarina (f)	[marga'rina]
olijven (mv.)	azeitonas (f pl)	[azej'tɔnas]
olijfolie (de)	azeite (m)	[a'zejtʃi]
melk (de)	leite (m)	['lejtʃi]
gecondenseerde melk (de)	leite (m) condensado	['lejtʃi kõdẽ'sadu]
yoghurt (de)	iogurte (m)	[jo'gurtʃi]
zure room (de)	creme azedo (m)	['krɛmi a'zedu]
room (de)	creme (m) de leite	['krɛmi de 'lejtʃi]
mayonaise (de)	maionese (f)	[majo'nɛzi]
crème (de)	creme (m)	['krɛmi]
graan (het)	grãos (m pl) de cereais	['grãws de se'rjajs]
meel (het), bloem (de)	farinha (f)	[fa'riɲa]
conserven (mv.)	enlatados (m pl)	[ẽla'tadus]
maïsvlokken (mv.)	flocos (m pl) de milho	['flɔkus de 'miʎu]
honing (de)	mel (m)	[mɛw]
jam (de)	geleia (f)	[ʒe'lɛja]
kauwgom (de)	chiclete (m)	[ʃi'klɛtʃi]

36. Drankjes

water (het)	água (f)	['agwa]
drinkwater (het)	água (f) potável	['agwa pu'tavɛw]
mineraalwater (het)	água (f) mineral	['agwa mine'raw]
zonder gas	sem gás	[sẽ gajs]
koolzuurhoudend (bn)	gaseificada	[gazejfi'kadu]
bruisend (bn)	com gás	[kõ gajs]
ijs (het)	gelo (m)	['ʒelu]

met ijs	com gelo	[kõ 'ʒelu]
alcohol vrij (bn)	não alcoólico	[nãw aw'kɔliku]
alcohol vrije drank (de)	refrigerante (m)	[hefriʒe'rãtʃi]
frisdrank (de)	refresco (m)	[he'fresku]
limonade (de)	limonada (f)	[limo'nada]
alcoholische dranken (mv.)	bebidas (f pl) alcoólicas	[be'bidas aw'kɔlikas]
wijn (de)	vinho (m)	['viɲu]
witte wijn (de)	vinho (m) branco	['viɲu 'brãku]
rode wijn (de)	vinho (m) tinto	['viɲu 'tʃĩtu]
likeur (de)	licor (m)	[li'kor]
champagne (de)	champanhe (m)	[ʃã'paɲi]
vermout (de)	vermute (m)	[ver'mutʃi]
whisky (de)	uísque (m)	['wiski]
wodka (de)	vodca (f)	['vɔdʒka]
gin (de)	gim (m)	[ʒĩ]
cognac (de)	conhaque (m)	[ko'ɲaki]
rum (de)	rum (m)	[hũ]
koffie (de)	café (m)	[ka'fɛ]
zwarte koffie (de)	café (m) preto	[ka'fɛ 'pretu]
koffie (de) met melk	café (m) com leite	[ka'fɛ kõ 'lejtʃi]
cappuccino (de)	cappuccino (m)	[kapu'tʃinu]
oploskoffie (de)	café (m) solúvel	[ka'fɛ so'luvew]
melk (de)	leite (m)	['lejtʃi]
cocktail (de)	coquetel (m)	[koke'tɛw]
milkshake (de)	batida (f), milkshake (m)	[ba'tʃida], ['milkʃejk]
sap (het)	suco (m)	['suku]
tomatensap (het)	suco (m) de tomate	['suku de to'matʃi]
sinaasappelsap (het)	suco (m) de laranja	['suku de la'rãʒa]
vers geperst sap (het)	suco (m) fresco	['suku 'fresku]
bier (het)	cerveja (f)	[ser'veʒa]
licht bier (het)	cerveja (f) clara	[ser'veʒa 'klara]
donker bier (het)	cerveja (f) preta	[ser'veʒa 'preta]
thee (de)	chá (m)	[ʃa]
zwarte thee (de)	chá (m) preto	[ʃa 'pretu]
groene thee (de)	chá (m) verde	[ʃa 'verdʒi]

37. Groenten

groenten (mv.)	vegetais (m pl)	[veʒe'tajs]
verse kruiden (mv.)	verdura (f)	[ver'dura]
tomaat (de)	tomate (m)	[to'matʃi]
augurk (de)	pepino (m)	[pe'pinu]
wortel (de)	cenoura (f)	[se'nora]
aardappel (de)	batata (f)	[ba'tata]
ui (de)	cebola (f)	[se'bola]

knoflook (de)	alho (m)	['aʎu]
kool (de)	couve (f)	['kovi]
bloemkool (de)	couve-flor (f)	['kovi 'flɔr]
spruitkool (de)	couve-de-bruxelas (f)	['kovi de bru'ʃelas]
broccoli (de)	brócolis (m pl)	['brɔkolis]

rode biet (de)	beterraba (f)	[bete'haba]
aubergine (de)	berinjela (f)	[beri̇̃'ʒɛla]
courgette (de)	abobrinha (f)	[abo'briɲa]
pompoen (de)	abóbora (f)	[a'bɔbora]
raap (de)	nabo (m)	['nabu]

peterselie (de)	salsa (f)	['sawsa]
dille (de)	endro, aneto (m)	['ẽdru], [a'netu]
sla (de)	alface (f)	[aw'fasi]
selderij (de)	aipo (m)	['ajpu]
asperge (de)	aspargo (m)	[as'pargu]
spinazie (de)	espinafre (m)	[ispi'nafri]

erwt (de)	ervilha (f)	[er'viʎa]
bonen (mv.)	feijão (m)	[fej'ʒãw]
maïs (de)	milho (m)	['miʎu]
nierboon (de)	feijão (m) roxo	[fej'ʒãw 'hoʃu]

peper (de)	pimentão (m)	[pimẽ'tãw]
radijs (de)	rabanete (m)	[haba'netʃi]
artisjok (de)	alcachofra (f)	[awka'ʃofra]

38. Vruchten. Noten

vrucht (de)	fruta (f)	['fruta]
appel (de)	maçã (f)	[ma'sã]
peer (de)	pera (f)	['pera]
citroen (de)	limão (m)	[li'mãw]
sinaasappel (de)	laranja (f)	[la'rãʒa]
aardbei (de)	morango (m)	[mo'rãgu]

mandarijn (de)	tangerina (f)	[tãʒe'rina]
pruim (de)	ameixa (f)	[a'mejʃa]
perzik (de)	pêssego (m)	['pesegu]
abrikoos (de)	damasco (m)	[da'masku]
framboos (de)	framboesa (f)	[frãbo'eza]
ananas (de)	abacaxi (m)	[abaka'ʃi]

banaan (de)	banana (f)	[ba'nana]
watermeloen (de)	melancia (f)	[melã'sia]
druif (de)	uva (f)	['uva]
zure kers (de)	ginja (f)	['ʒĩʒa]
zoete kers (de)	cereja (f)	[se'reʒa]
meloen (de)	melão (m)	[me'lãw]

grapefruit (de)	toranja (f)	[to'rãʒa]
avocado (de)	abacate (m)	[aba'katʃi]
papaja (de)	mamão (m)	[ma'mãw]

mango (de)	manga (f)	['mãga]
granaatappel (de)	romã (f)	['homa]

rode bes (de)	groselha (f) vermelha	[[gro'zɛʎa ver'meʎa]
zwarte bes (de)	groselha (f) negra	[gro'zɛʎa 'negra]
kruisbes (de)	groselha (f) espinhosa	[gro'zɛʎa ispi'ɲoza]
blauwe bosbes (de)	mirtilo (m)	[mih'tʃilu]
braambes (de)	amora (f) silvestre	[a'mɔra siw'vɛstri]

rozijn (de)	passa (f)	['pasa]
vijg (de)	figo (m)	['figu]
dadel (de)	tâmara (f)	['tamara]

pinda (de)	amendoim (m)	[amẽdo'ĩ]
amandel (de)	amêndoa (f)	[a'mẽdwa]
walnoot (de)	noz (f)	[nɔz]
hazelnoot (de)	avelã (f)	[ave'lã]
kokosnoot (de)	coco (m)	['koku]
pistaches (mv.)	pistaches (m pl)	[pis'taʃis]

39. Brood. Snoep

suikerbakkerij (de)	pastelaria (f)	[pastela'ria]
brood (het)	pão (m)	[pãw]
koekje (het)	biscoito (m), bolacha (f)	[bis'kojtu], [bo'laʃa]

chocolade (de)	chocolate (m)	[ʃoko'latʃi]
chocolade- (abn)	de chocolate	[de ʃoko'latʃi]
snoepje (het)	bala (f)	['bala]
cakeje (het)	doce (m), bolo (m) pequeno	['dosi], ['bolu pe'kenu]
taart (bijv. verjaardags~)	bolo (m) de aniversário	['bolu de aniver'sarju]

pastei (de)	torta (f)	['tɔrta]
vulling (de)	recheio (m)	[he'ʃeju]

confituur (de)	geleia (m)	[ʒe'lɛja]
marmelade (de)	marmelada (f)	[marme'lada]
wafel (de)	wafers (m pl)	['wafers]
ijsje (het)	sorvete (m)	[sor'vetʃi]
pudding (de)	pudim (m)	[pu'dʒĩ]

40. Bereide gerechten

gerecht (het)	prato (m)	['pratu]
keuken (bijv. Franse ~)	cozinha (f)	[ko'ziɲa]
recept (het)	receita (f)	[he'sejta]
portie (de)	porção (f)	[por'sãw]

salade (de)	salada (f)	[sa'lada]
soep (de)	sopa (f)	['sopa]
bouillon (de)	caldo (m)	['kawdu]
boterham (de)	sanduíche (m)	[sand'wiʃi]

spiegelei (het)	ovos (m pl) fritos	['ɔvus 'fritus]
hamburger (de)	hambúrguer (m)	[ã'burger]
biefstuk (de)	bife (m)	['bifi]

garnering (de)	acompanhamento (m)	[akõpaɲa'mẽtu]
spaghetti (de)	espaguete (m)	[ispa'geti]
aardappelpuree (de)	purê (m) de batata	[pu're de ba'tata]
pizza (de)	pizza (f)	['pitsa]
pap (de)	mingau (m)	[mĩ'gaw]
omelet (de)	omelete (f)	[ome'letʃi]

gekookt (in water)	fervido	[fer'vidu]
gerookt (bn)	defumado	[defu'madu]
gebakken (bn)	frito	['fritu]
gedroogd (bn)	seco	['seku]
diepvries (bn)	congelado	[kõʒe'ladu]
gemarineerd (bn)	em conserva	[ẽ kõ'serva]

zoet (bn)	doce	['dosi]
gezouten (bn)	salgado	[saw'gadu]
koud (bn)	frio	['friu]
heet (bn)	quente	['kẽtʃi]
bitter (bn)	amargo	[a'margu]
lekker (bn)	gostoso	[gos'tozu]

koken (in kokend water)	cozinhar em água fervente	[kozi'ɲar ẽ 'agwa fer'vẽtʃi]
bereiden (avondmaaltijd ~)	preparar (vt)	[prepa'rar]
bakken (ww)	fritar (vt)	[fri'tar]
opwarmen (ww)	aquecer (vt)	[ake'ser]

zouten (ww)	salgar (vt)	[saw'gar]
peperen (ww)	apimentar (vt)	[apimẽ'tar]
raspen (ww)	ralar (vt)	[ha'lar]
schil (de)	casca (f)	['kaska]
schillen (ww)	descascar (vt)	[dʒiskas'kar]

41. Kruiden

zout (het)	sal (m)	[saw]
gezouten (bn)	salgado	[saw'gadu]
zouten (ww)	salgar (vt)	[saw'gar]

zwarte peper (de)	pimenta-do-reino (f)	[pi'mẽta-du-hejnu]
rode peper (de)	pimenta (f) vermelha	[pi'mẽta ver'meʎa]
mosterd (de)	mostarda (f)	[mos'tarda]
mierikswortel (de)	raiz-forte (f)	[ha'iz fɔrtʃi]

condiment (het)	condimento (m)	[kõdʒi'mẽtu]
specerij, kruiderij (de)	especiaria (f)	[ispesja'ria]
saus (de)	molho (m)	['moʎu]
azijn (de)	vinagre (m)	[vi'nagri]

anijs (de)	anis (m)	[a'nis]
basilicum (de)	manjericão (m)	[mãʒeri'kãw]

kruidnagel (de)	cravo (m)	['kravu]
gember (de)	gengibre (m)	[ʒẽ'ʒibri]
koriander (de)	coentro (m)	[ko'ẽtru]
kaneel (de/het)	canela (f)	[ka'nɛla]
sesamzaad (het)	gergelim (m)	[ʒerʒe'lĩ]
laurierblad (het)	folha (f) de louro	['foʎaʃ de 'loru]
paprika (de)	páprica (f)	['paprika]
komijn (de)	cominho (m)	[ko'miɲu]
saffraan (de)	açafrão (m)	[asa'frãw]

42. Maaltijden

eten (het)	comida (f)	[ko'mida]
eten (ww)	comer (vt)	[ko'mer]
ontbijt (het)	café (m) da manhã	[ka'fɛ da ma'ɲã]
ontbijten (ww)	tomar café da manhã	[to'mar ka'fɛ da ma'ɲã]
lunch (de)	almoço (m)	[aw'mosu]
lunchen (ww)	almoçar (vi)	[awmo'sar]
avondeten (het)	jantar (m)	[ʒã'tar]
souperen (ww)	jantar (vi)	[ʒã'tar]
eetlust (de)	apetite (m)	[ape'tʃitʃi]
Eet smakelijk!	Bom apetite!	[bõ ape'tʃitʃi]
openen (een fles ~)	abrir (vt)	[a'brir]
morsen (koffie, enz.)	derramar (vt)	[deha'mar]
zijn gemorst	derramar-se (vr)	[deha'marsi]
koken (water kookt bij 100°C)	ferver (vi)	[fer'ver]
koken (Hoe om water te ~)	ferver (vt)	[fer'ver]
gekookt (~ water)	fervido	[fer'vidu]
afkoelen (koeler maken)	esfriar (vt)	[is'frjar]
afkoelen (koeler worden)	esfriar-se (vr)	[is'frjarse]
smaak (de)	sabor, gosto (m)	[sa'bor], ['gostu]
nasmaak (de)	fim (m) de boca	[fĩ de 'boka]
volgen een dieet	emagrecer (vi)	[imagre'ser]
dieet (het)	dieta (f)	['dʒjɛta]
vitamine (de)	vitamina (f)	[vita'mina]
calorie (de)	caloria (f)	[kalo'ria]
vegetariër (de)	vegetariano (m)	[veʒeta'rjanu]
vegetarisch (bn)	vegetariano	[veʒeta'rjanu]
vetten (mv.)	gorduras (f pl)	[gor'duras]
eiwitten (mv.)	proteínas (f pl)	[prote'inas]
koolhydraten (mv.)	carboidratos (m pl)	[karboi'dratus]
snede (de)	fatia (f)	[fa'tʃia]
stuk (bijv. een ~ taart)	pedaço (m)	[pe'dasu]
kruimel (de)	migalha (f), farelo (m)	[mi'gaʎa], [fa'rɛlu]

43. Tafelschikking

lepel (de)	colher (f)	[ko'ʎer]
mes (het)	faca (f)	['faka]
vork (de)	garfo (m)	['garfu]
kopje (het)	xícara (f)	['ʃikara]
bord (het)	prato (m)	['pratu]
schoteltje (het)	pires (m)	['piris]
servet (het)	guardanapo (m)	[gwarda'napu]
tandenstoker (de)	palito (m)	[pa'litu]

44. Restaurant

restaurant (het)	restaurante (m)	[hestaw'rãtʃi]
koffiehuis (het)	cafeteria (f)	[kafete'ria]
bar (de)	bar (m), cervejaria (f)	[bar], [serveʒa'ria]
tearoom (de)	salão (m) de chá	[sa'lãw de ʃa]
kelner, ober (de)	garçom (m)	[gar'sõ]
serveerster (de)	garçonete (f)	[garso'netʃi]
barman (de)	barman (m)	[bar'mã]
menu (het)	cardápio (m)	[kar'dapju]
wijnkaart (de)	lista (f) de vinhos	['lista de 'viɲus]
een tafel reserveren	reservar uma mesa	[hezer'var 'uma 'meza]
gerecht (het)	prato (m)	['pratu]
bestellen (eten ~)	pedir (vt)	[pe'dʒir]
een bestelling maken	fazer o pedido	[fa'zer u pe'dʒidu]
aperitief (de/het)	aperitivo (m)	[aperi'tʃivu]
voorgerecht (het)	entrada (f)	[ẽ'trada]
dessert (het)	sobremesa (f)	[sobri'meza]
rekening (de)	conta (f)	['kõta]
de rekening betalen	pagar a conta	[pa'gar a 'kõta]
wisselgeld teruggeven	dar o troco	[dar u 'troku]
fooi (de)	gorjeta (f)	[gor'ʒeta]

Familie, verwanten en vrienden

45. Persoonlijke informatie. Formulieren

naam (de)	nome (m)	['nɔmi]
achternaam (de)	sobrenome (m)	[sobri'nɔmi]
geboortedatum (de)	data (f) de nascimento	['data de nasi'mẽtu]
geboorteplaats (de)	local (m) de nascimento	[lo'kaw de nasi'mẽtu]
nationaliteit (de)	nacionalidade (f)	[nasjonali'dadʒi]
woonplaats (de)	lugar (m) de residência	[lu'gar de hezi'dẽsja]
land (het)	país (m)	[pa'jis]
beroep (het)	profissão (f)	[profi'sãw]
geslacht (ov. het vrouwelijk ~)	sexo (m)	['sɛksu]
lengte (de)	estatura (f)	[ista'tura]
gewicht (het)	peso (m)	['pezu]

46. Familieleden. Verwanten

moeder (de)	mãe (f)	[mãj]
vader (de)	pai (m)	[paj]
zoon (de)	filho (m)	['fiʎu]
dochter (de)	filha (f)	['fiʎa]
jongste dochter (de)	caçula (f)	[ka'sula]
jongste zoon (de)	caçula (m)	[ka'sula]
oudste dochter (de)	filha (f) mais velha	['fiʎa majs 'vɛʎa]
oudste zoon (de)	filho (m) mais velho	['fiʎu majs 'vɛʎu]
broer (de)	irmão (m)	[ir'mãw]
oudere broer (de)	irmão (m) mais velho	[ir'mãw majs 'vɛʎu]
jongere broer (de)	irmão (m) mais novo	[ir'mãw majs 'novu]
zuster (de)	irmã (f)	[ir'mã]
oudere zuster (de)	irmã (f) mais velha	[ir'mã majs 'vɛʎa]
jongere zuster (de)	irmã (f) mais nova	[ir'mã majs 'nɔva]
neef (zoon van oom, tante)	primo (m)	['primu]
nicht (dochter van oom, tante)	prima (f)	['prima]
mama (de)	mamãe (f)	[ma'mãj]
papa (de)	papai (m)	[pa'paj]
ouders (mv.)	pais (pl)	['pajs]
kind (het)	criança (f)	['krjãsa]
kinderen (mv.)	crianças (f pl)	['krjãsas]
oma (de)	avó (f)	[a'vɔ]
opa (de)	avô (m)	[a'vo]

Nederlands	Portugees	Uitspraak
kleinzoon (de)	neto (m)	['nɛtu]
kleindochter (de)	neta (f)	['nɛta]
kleinkinderen (mv.)	netos (pl)	['nɛtus]
oom (de)	tio (m)	['tʃiu]
tante (de)	tia (f)	['tʃia]
neef (zoon van broer, zus)	sobrinho (m)	[so'briɲu]
nicht (dochter van broer, zus)	sobrinha (f)	[so'briɲa]
schoonmoeder (de)	sogra (f)	['sɔgra]
schoonvader (de)	sogro (m)	['sogru]
schoonzoon (de)	genro (m)	['ʒẽhu]
stiefmoeder (de)	madrasta (f)	[ma'drasta]
stiefvader (de)	padrasto (m)	[pa'drastu]
zuigeling (de)	criança (f) de colo	['krjãsa de 'kɔlu]
wiegenkind (het)	bebê (m)	[be'be]
kleuter (de)	menino (m)	[me'ninu]
vrouw (de)	mulher (f)	[mu'ʎer]
man (de)	marido (m)	[ma'ridu]
echtgenoot (de)	esposo (m)	[is'pozu]
echtgenote (de)	esposa (f)	[is'poza]
gehuwd (mann.)	casado	[ka'zadu]
gehuwd (vrouw.)	casada	[ka'zada]
ongehuwd (mann.)	solteiro	[sow'tejru]
vrijgezel (de)	solteirão (m)	[sowtej'rãw]
gescheiden (bn)	divorciado	[dʒivor'sjadu]
weduwe (de)	viúva (f)	['vjuva]
weduwnaar (de)	viúvo (m)	['vjuvu]
familielid (het)	parente (m)	[pa'rẽtʃi]
dichte familielid (het)	parente (m) próximo	[pa'rẽtʃi 'prɔsimu]
verre familielid (het)	parente (m) distante	[pa'rẽtʃi dʒis'tãtʃi]
familieleden (mv.)	parentes (m pl)	[pa'rẽtʃis]
voogd (de)	tutor (m)	[tu'tor]
adopteren (een jongen te ~)	adotar (vt)	[ado'tar]
adopteren (een meisje te ~)	adotar (vt)	[ado'tar]

Geneeskunde

47. Ziekten

ziekte (de)	doença (f)	[do'ẽsa]
ziek zijn (ww)	estar doente	[is'tar do'ẽtʃi]
gezondheid (de)	saúde (f)	[sa'udʒi]
snotneus (de)	nariz (m) escorrendo	[na'riz isko'hẽdu]
angina (de)	amigdalite (f)	[amigda'litʃi]
verkoudheid (de)	resfriado (m)	[hes'frjadu]
verkouden raken (ww)	ficar resfriado	[fi'kar hes'frjadu]
bronchitis (de)	bronquite (f)	[brõ'kitʃi]
longontsteking (de)	pneumonia (f)	[pnewmo'nia]
griep (de)	gripe (f)	['gripi]
bijziend (bn)	míope	['miopi]
verziend (bn)	presbita	[pres'bita]
scheelheid (de)	estrabismo (m)	[istra'bizmu]
scheel (bn)	estrábico, vesgo	[is'trabiku], ['vezgu]
grauwe staar (de)	catarata (f)	[kata'rata]
glaucoom (het)	glaucoma (m)	[glaw'koma]
beroerte (de)	AVC (m), apoplexia (f)	[ave'se], [apople'ksia]
hartinfarct (het)	ataque (m) cardíaco	[a'taki kar'dʒiaku]
myocardiaal infarct (het)	enfarte (m) do miocárdio	[ẽ'fartʃi du mjo'kardʒiu]
verlamming (de)	paralisia (f)	[parali'zia]
verlammen (ww)	paralisar (vt)	[parali'zar]
allergie (de)	alergia (f)	[aler'ʒia]
astma (de/het)	asma (f)	['azma]
diabetes (de)	diabetes (f)	[dʒja'bɛtʃis]
tandpijn (de)	dor (f) de dente	[dor de 'dẽtʃi]
tandbederf (het)	cárie (f)	['kari]
diarree (de)	diarreia (f)	[dʒja'hɛja]
constipatie (de)	prisão (f) de ventre	[pri'zãw de 'vẽtri]
maagstoornis (de)	desarranjo (m) intestinal	[dʒiza'hãʒu ĩtestʃi'naw]
voedselvergiftiging (de)	intoxicação (f) alimentar	[ĩtoksika'sãw alimẽ'tar]
voedselvergiftiging oplopen	intoxicar-se	[ĩtoksi'karsi]
artritis (de)	artrite (f)	[ar'tritʃi]
rachitis (de)	raquitismo (m)	[haki'tʃizmu]
reuma (het)	reumatismo (m)	[hewma'tʃizmu]
arteriosclerose (de)	arteriosclerose (f)	[arterjoskle'rɔzi]
gastritis (de)	gastrite (f)	[gas'tritʃi]
blindedarmontsteking (de)	apendicite (f)	[apẽdʒi'sitʃi]

galblaasontsteking (de)	colecistite (f)	[kulesi'stʃitʃi]
zweer (de)	úlcera (f)	['uwsera]

mazelen (mv.)	sarampo (m)	[sa'rãpu]
rodehond (de)	rubéola (f)	[hu'bɛola]
geelzucht (de)	icterícia (f)	[ikte'risja]
leverontsteking (de)	hepatite (f)	[epa'tʃitʃi]

schizofrenie (de)	esquizofrenia (f)	[iskizofre'nia]
dolheid (de)	raiva (f)	['hajva]
neurose (de)	neurose (f)	[new'rɔzi]
hersenschudding (de)	contusão (f) cerebral	[kõtu'zãw sere'braw]

kanker (de)	câncer (m)	['kãser]
sclerose (de)	esclerose (f)	[iskle'rozi]
multiple sclerose (de)	esclerose (f) múltipla	[iskle'rozi 'muwtʃipla]

alcoholisme (het)	alcoolismo (m)	[awko'lizmu]
alcoholicus (de)	alcoólico (m)	[aw'kɔliku]
syfilis (de)	sífilis (f)	['sifilis]
AIDS (de)	AIDS (f)	['ajdʒs]

tumor (de)	tumor (m)	[tu'mor]
kwaadaardig (bn)	maligno	[ma'lignu]
goedaardig (bn)	benigno	[be'nignu]

koorts (de)	febre (f)	['fɛbri]
malaria (de)	malária (f)	[ma'larja]
gangreen (het)	gangrena (f)	[gã'grena]
zeeziekte (de)	enjoo (m)	[ẽ'ʒou]
epilepsie (de)	epilepsia (f)	[epile'psia]

epidemie (de)	epidemia (f)	[epide'mia]
tyfus (de)	tifo (m)	['tʃifu]
tuberculose (de)	tuberculose (f)	[tuberku'lɔzi]
cholera (de)	cólera (f)	['kɔlera]
pest (de)	peste (f) bubônica	['pɛstʃi bu'bonika]

48. Symptomen. Behandelingen. Deel 1

symptoom (het)	sintoma (m)	[sĩ'tɔma]
temperatuur (de)	temperatura (f)	[tẽpera'tura]
verhoogde temperatuur (de)	febre (f)	['fɛbri]
polsslag (de)	pulso (m)	['puwsu]

duizeling (de)	vertigem (f)	[ver'tʃiʒẽ]
heet (erg warm)	quente	['kẽtʃi]
koude rillingen (mv.)	calafrio (m)	[kala'friu]
bleek (bn)	pálido	['palidu]

hoest (de)	tosse (f)	['tɔsi]
hoesten (ww)	tossir (vi)	[to'sir]
niezen (ww)	espirrar (vi)	[ispi'har]
flauwte (de)	desmaio (m)	[dʒiz'maju]

flauwvallen (ww)	desmaiar (vi)	[dʒizma'jar]
blauwe plek (de)	mancha (f) preta	['mãʃa 'preta]
buil (de)	galo (m)	['galu]
zich stoten (ww)	machucar-se (vr)	[maʃu'karsi]
kneuzing (de)	contusão (f)	[kõtu'zãw]
kneuzen (gekneusd zijn)	machucar-se (vr)	[maʃu'karsi]
hinken (ww)	mancar (vi)	[mã'kar]
verstuiking (de)	deslocamento (f)	[dʒizloka'mẽtu]
verstuiken (enkel, enz.)	deslocar (vt)	[dʒizlo'kar]
breuk (de)	fratura (f)	[fra'tura]
een breuk oplopen	fraturar (vt)	[fratu'rar]
snijwond (de)	corte (m)	['kɔrtʃi]
zich snijden (ww)	cortar-se (vr)	[kor'tarsi]
bloeding (de)	hemorragia (f)	[emoha'ʒia]
brandwond (de)	queimadura (f)	[kejma'dura]
zich branden (ww)	queimar-se (vr)	[kej'marsi]
prikken (ww)	picar (vt)	[pi'kar]
zich prikken (ww)	picar-se (vr)	[pi'karsi]
blesseren (ww)	lesionar (vt)	[lezjo'nar]
blessure (letsel)	lesão (m)	[le'zãw]
wond (de)	ferida (f), ferimento (m)	[fe'rida], [feri'mẽtu]
trauma (het)	trauma (m)	['trawma]
ijlen (ww)	delirar (vi)	[deli'rar]
stotteren (ww)	gaguejar (vi)	[gage'ʒar]
zonnesteek (de)	insolação (f)	[insola'sãw]

49. Symptomen. Behandelingen. Deel 2

pijn (de)	dor (f)	[dor]
splinter (de)	farpa (f)	['farpa]
zweet (het)	suor (m)	[swɔr]
zweten (ww)	suar (vi)	[swar]
braking (de)	vômito (m)	['vomitu]
stuiptrekkingen (mv.)	convulsões (f pl)	[kõvuw'sõjs]
zwanger (bn)	grávida	['gravida]
geboren worden (ww)	nascer (vi)	[na'ser]
geboorte (de)	parto (m)	['partu]
baren (ww)	dar à luz	[dar a luz]
abortus (de)	aborto (m)	[a'bortu]
ademhaling (de)	respiração (f)	[hespira'sãw]
inademing (de)	inspiração (f)	[ĩspira'sãw]
uitademing (de)	expiração (f)	[ispira'sãw]
uitademen (ww)	expirar (vi)	[ispi'rar]
inademen (ww)	inspirar (vi)	[ĩspi'rar]
invalide (de)	inválido (m)	[ĩ'validu]
gehandicapte (de)	aleijado (m)	[alej'ʒadu]

drugsverslaafde (de)	drogado (m)	[dro'gadu]
doof (bn)	surdo	['surdu]
stom (bn)	mudo	['mudu]
doofstom (bn)	surdo-mudo	['surdu-'mudu]
krankzinnig (bn)	louco, insano	['loku], [ĩ'sanu]
krankzinnige (man)	louco (m)	['loku]
krankzinnige (vrouw)	louca (f)	['loka]
krankzinnig worden	ficar louco	[fi'kar 'loku]
gen (het)	gene (m)	['ʒɛni]
immuniteit (de)	imunidade (f)	[imuni'dadʒi]
erfelijk (bn)	hereditário	[eredʒi'tarju]
aangeboren (bn)	congênito	[kõ'ʒenitu]
virus (het)	vírus (m)	['virus]
microbe (de)	micróbio (m)	[mi'krɔbju]
bacterie (de)	bactéria (f)	[bak'tɛrja]
infectie (de)	infecção (f)	[ĩfek'sãw]

50. Symptomen. Behandelingen. Deel 3

ziekenhuis (het)	hospital (m)	[ospi'taw]
patiënt (de)	paciente (m)	[pa'sjẽtʃi]
diagnose (de)	diagnóstico (m)	[dʒjag'nɔstʃiku]
genezing (de)	cura (f)	['kura]
medische behandeling (de)	tratamento (m) médico	[trata'mẽtu 'mɛdʒiku]
onder behandeling zijn	curar-se (vr)	[ku'rarsi]
behandelen (ww)	tratar (vt)	[tra'tar]
zorgen (zieken ~)	cuidar (vt)	[kwi'dar]
ziekenzorg (de)	cuidado (m)	[kwi'dadu]
operatie (de)	operação (f)	[opera'sãw]
verbinden (een arm ~)	enfaixar (vt)	[ẽfaj'ʃar]
verband (het)	enfaixamento (m)	[bã'daʒãj]
vaccin (het)	vacinação (f)	[vasina'sãw]
inenten (vaccineren)	vacinar (vt)	[vasi'nar]
injectie (de)	injeção (f)	[ĩʒe'sãw]
een injectie geven	dar uma injeção	[dar 'uma ĩʒe'sãw]
aanval (de)	ataque (m)	[a'taki]
amputatie (de)	amputação (f)	[ãputa'sãw]
amputeren (ww)	amputar (vt)	[ãpu'tar]
coma (het)	coma (f)	['kɔma]
in coma liggen	estar em coma	[is'tar ẽ 'kɔma]
intensieve zorg, ICU (de)	reanimação (f)	[hianima'sãw]
zich herstellen (ww)	recuperar-se (vr)	[hekupe'rarsi]
toestand (de)	estado (m)	[i'stadu]
bewustzijn (het)	consciência (f)	[kõ'sjẽsja]
geheugen (het)	memória (f)	[me'mɔrja]
trekken (een kies ~)	tirar (vt)	[tʃi'rar]

vulling (de)	obturação (f)	[obitura'sãw]
vullen (ww)	obturar (vt)	[obitu'rar]

hypnose (de)	hipnose (f)	[ip'nɔzi]
hypnotiseren (ww)	hipnotizar (vt)	[ipnotʃi'zar]

51. Artsen

dokter, arts (de)	médico (m)	['mɛdʒiku]
ziekenzuster (de)	enfermeira (f)	[ẽfer'mejra]
lijfarts (de)	médico (m) pessoal	['mɛdʒiku pe'swaw]

tandarts (de)	dentista (m)	[dẽ'tʃista]
oogarts (de)	oculista (m)	[oku'lista]
therapeut (de)	terapeuta (m)	[tera'pewta]
chirurg (de)	cirurgião (m)	[sirur'ʒjãw]

psychiater (de)	psiquiatra (m)	[psi'kjatra]
pediater (de)	pediatra (m)	[pe'dʒjatra]
psycholoog (de)	psicólogo (m)	[psi'kɔlogu]
gynaecoloog (de)	ginecologista (m)	[ʒinekolo'ʒista]
cardioloog (de)	cardiologista (m)	[kardʒjolo'ʒista]

52. Geneeskunde. Medicijnen. Accessoires

geneesmiddel (het)	medicamento (m)	[medʒika'mẽtu]
middel (het)	remédio (m)	[he'mɛdʒju]
voorschrijven (ww)	receitar (vt)	[hesej'tar]
recept (het)	receita (f)	[he'sejta]

tablet (de/het)	comprimido (m)	[kõpri'midu]
zalf (de)	unguento (m)	[ũ'gwẽtu]
ampul (de)	ampola (f)	[ã'pola]
drank (de)	solução, preparado (m)	[solu'sãw], [prepa'radu]
siroop (de)	xarope (m)	[ʃa'rɔpi]
pil (de)	cápsula (f)	['kapsula]
poeder (de/het)	pó (m)	[pɔ]

verband (het)	atadura (f)	[ata'dura]
watten (mv.)	algodão (m)	[awgo'dãw]
jodium (het)	iodo (m)	['jodu]

pleister (de)	curativo (m) adesivo	[kura'tivu ade'zivu]
pipet (de)	conta-gotas (m)	['kõta 'gotas]
thermometer (de)	termômetro (m)	[ter'mometru]
spuit (de)	seringa (f)	[se'rĩga]

rolstoel (de)	cadeira (f) de rodas	[ka'dejra de 'hɔdas]
krukken (mv.)	muletas (f pl)	[mu'letas]

pijnstiller (de)	analgésico (m)	[anaw'ʒɛziku]
laxeermiddel (het)	laxante (m)	[la'ʃãtʃi]

spiritus (de) álcool (m) ['awkɔw]
medicinale kruiden (mv.) ervas (f pl) medicinais ['ɛrvas medʒisi'najs]
kruiden- (abn) de ervas [de 'ɛrvas]

HET MENSELIJKE LEEFGEBIED

Stad

53. Stad. Het leven in de stad

stad (de)	cidade (f)	[si'dadʒi]
hoofdstad (de)	capital (f)	[kapi'taw]
dorp (het)	aldeia (f)	[aw'deja]
plattegrond (de)	mapa (m) da cidade	['mapa da si'dadʒi]
centrum (ov. een stad)	centro (m) da cidade	['sẽtru da si'dadʒi]
voorstad (de)	subúrbio (m)	[su'burbju]
voorstads- (abn)	suburbano	[subur'banu]
randgemeente (de)	periferia (f)	[perife'ria]
omgeving (de)	arredores (m pl)	[ahe'dɔris]
blok (huizenblok)	quarteirão (m)	[kwartej'rãw]
woonwijk (de)	quarteirão (m) residencial	[kwartej'rãw hezidẽ'sjaw]
verkeer (het)	tráfego (m)	['trafegu]
verkeerslicht (het)	semáforo (m)	[se'maforu]
openbaar vervoer (het)	transporte (m) público	[trãs'pɔrtʃi 'publiku]
kruispunt (het)	cruzamento (m)	[kruza'mẽtu]
zebrapad (oversteekplaats)	faixa (f)	['fajʃa]
onderdoorgang (de)	túnel (m)	['tunew]
oversteken (de straat ~)	cruzar, atravessar (vt)	[kru'zar], [atrave'sar]
voetganger (de)	pedestre (m)	[pe'dɛstri]
trottoir (het)	calçada (f)	[kaw'sada]
brug (de)	ponte (f)	['põtʃi]
dijk (de)	margem (f) do rio	['marʒẽ du 'hiu]
fontein (de)	fonte (f)	['fõtʃi]
allee (de)	alameda (f)	[ala'meda]
park (het)	parque (m)	['parki]
boulevard (de)	bulevar (m)	[bule'var]
plein (het)	praça (f)	['prasa]
laan (de)	avenida (f)	[ave'nida]
straat (de)	rua (f)	['hua]
zijstraat (de)	travessa (f)	[tra'vɛsa]
doodlopende straat (de)	beco (m) sem saída	['beku sẽ sa'ida]
huis (het)	casa (f)	['kaza]
gebouw (het)	edifício, prédio (m)	[edʒi'fisju], ['prɛdʒju]
wolkenkrabber (de)	arranha-céu (m)	[a'haɲa-sɛw]
gevel (de)	fachada (f)	[fa'ʃada]
dak (het)	telhado (m)	[te'ʎadu]

venster (het)	janela (f)	[ʒa'nɛla]
boog (de)	arco (m)	['arku]
pilaar (de)	coluna (f)	[ko'luna]
hoek (ov. een gebouw)	esquina (f)	[is'kina]
vitrine (de)	vitrine (f)	[vi'trini]
gevelreclame (de)	letreiro (m)	[le'trejru]
affiche (de/het)	cartaz (m)	[kar'taz]
reclameposter (de)	cartaz (m) publicitário	[kar'taz publisi'tarju]
aanplakbord (het)	painel (m) publicitário	[paj'nɛw publisi'tarju]
vuilnis (de/het)	lixo (m)	['liʃu]
vuilnisbak (de)	lixeira (f)	[li'ʃejra]
afval weggooien (ww)	jogar lixo na rua	[ʒo'gar 'liʃu na 'hua]
stortplaats (de)	aterro (m) sanitário	[a'tehu sani'tarju]
telefooncel (de)	orelhão (m)	[ore'ʎãw]
straatlicht (het)	poste (m) de luz	['pɔstʃi de luz]
bank (de)	banco (m)	['bãku]
politieagent (de)	polícia (m)	[po'lisja]
politie (de)	polícia (f)	[po'lisja]
zwerver (de)	mendigo, pedinte (m)	[mẽ'dʒigu], [pe'dʒĩtʃi]
dakloze (de)	desabrigado (m)	[dʒizabri'gadu]

54. Stedelijke instellingen

winkel (de)	loja (f)	['lɔʒa]
apotheek (de)	drogaria (f)	[droga'ria]
optiek (de)	ótica (f)	['ɔtʃika]
winkelcentrum (het)	centro (m) comercial	['sẽtru komer'sjaw]
supermarkt (de)	supermercado (m)	[supermer'kadu]
bakkerij (de)	padaria (f)	[pada'ria]
bakker (de)	padeiro (m)	[pa'dejru]
banketbakkerij (de)	pastelaria (f)	[pastela'ria]
kruidenier (de)	mercearia (f)	[mersja'ria]
slagerij (de)	açougue (m)	[a'sogi]
groentewinkel (de)	fruteira (f)	[fru'tejra]
markt (de)	mercado (m)	[mer'kadu]
koffiehuis (het)	cafeteria (f)	[kafete'ria]
restaurant (het)	restaurante (m)	[hestaw'rãtʃi]
bar (de)	bar (m)	[bar]
pizzeria (de)	pizzaria (f)	[pitsa'ria]
kapperssalon (de/het)	salão (m) de cabeleireiro	[sa'lãw de kabelej'rejru]
postkantoor (het)	agência (f) dos correios	[a'ʒẽsja dus ko'hejus]
stomerij (de)	lavanderia (f)	[lavãde'ria]
fotostudio (de)	estúdio (m) fotográfico	[is'tudʒu foto'grafiku]
schoenwinkel (de)	sapataria (f)	[sapata'ria]
boekhandel (de)	livraria (f)	[livra'ria]

T&P Books. Thematische woordenschat Nederlands-Braziliaans Portugees - 5000 woorden

sportwinkel (de)	loja (f) de artigos esportivos	['lɔʒa de ar'tʃigus ispor'tʃivus]
kledingreparatie (de)	costureira (m)	[kostu'rejra]
kledingverhuur (de)	aluguel (m) de roupa	[alu'gɛw de 'hopa]
videotheek (de)	videolocadora (f)	['vidʒju·loka'dɔra]

circus (de/het)	circo (m)	['sirku]
dierentuin (de)	jardim (m) zoológico	[ʒar'dʒĩ zo'lɔʒiku]
bioscoop (de)	cinema (m)	[si'nɛma]
museum (het)	museu (m)	[mu'zew]
bibliotheek (de)	biblioteca (f)	[biblijo'tɛka]

theater (het)	teatro (m)	['tʃatru]
opera (de)	ópera (f)	['ɔpera]
nachtclub (de)	boate (f)	['bwatʃi]
casino (het)	cassino (m)	[ka'sinu]

moskee (de)	mesquita (f)	[mes'kita]
synagoge (de)	sinagoga (f)	[sina'gɔga]
kathedraal (de)	catedral (f)	[kate'draw]
tempel (de)	templo (m)	['tẽplu]
kerk (de)	igreja (f)	[i'greʒa]

instituut (het)	faculdade (f)	[fakuw'dadʒi]
universiteit (de)	universidade (f)	[universi'dadʒi]
school (de)	escola (f)	[is'kɔla]

gemeentehuis (het)	prefeitura (f)	[prefej'tura]
stadhuis (het)	câmara (f) municipal	['kamara munisi'paw]
hotel (het)	hotel (m)	[o'tɛw]
bank (de)	banco (m)	['bãku]

ambassade (de)	embaixada (f)	[ẽbaj'ʃada]
reisbureau (het)	agência (f) de viagens	[a'ʒẽsja de 'vjaʒẽs]
informatieloket (het)	agência (f) de informações	[a'ʒẽsja de ĩforma'sõjs]
wisselkantoor (het)	casa (f) de câmbio	['kaza de 'kãbju]

metro (de)	metrô (m)	[me'tro]
ziekenhuis (het)	hospital (m)	[ospi'taw]

benzinestation (het)	posto (m) de gasolina	['postu de gazo'lina]
parking (de)	parque (m) de estacionamento	['parki de istasjona'mẽtu]

55. Borden

gevelreclame (de)	letreiro (m)	[le'trejru]
opschrift (het)	aviso (m)	[a'vizu]
poster (de)	pôster (m)	['poster]
wegwijzer (de)	placa (f) de direção	['plaka]
pijl (de)	seta (f)	['sɛta]

waarschuwing (verwittiging)	aviso (m), advertência (f)	[a'vizu], [adʒiver'tẽsja]
waarschuwingsbord (het)	sinal (m) de aviso	[si'naw de a'vizu]
waarschuwen (ww)	avisar, advertir (vt)	[avi'zar], [adʒiver'tʃir]

vrije dag (de)	dia (m) de folga	['dʒia de 'fɔwga]
dienstregeling (de)	horário (m)	[o'rarju]
openingsuren (mv.)	horário (m)	[o'rarju]

WELKOM!	BEM-VINDOS!	[bẽj 'vĩdu]
INGANG	ENTRADA	[ẽ'trada]
UITGANG	SAÍDA	[sa'ida]

DUWEN	EMPURRE	[ẽ'puhe]
TREKKEN	PUXE	['puʃe]
OPEN	ABERTO	[a'bɛrtu]
GESLOTEN	FECHADO	[fe'ʃadu]

| DAMES | MULHER | [mu'ʎer] |
| HEREN | HOMEM | ['ɔmẽ] |

KORTING	DESCONTOS	[dʒis'kõtus]
UITVERKOOP	SALDOS, PROMOÇÃO	['sawdus], [promo'sãw]
NIEUW!	NOVIDADE!	[novi'dadʒi]
GRATIS	GRÁTIS	['gratʃis]

PAS OP!	ATENÇÃO!	[atẽ'sãw]
VOLGEBOEKT	NÃO HÁ VAGAS	['nãw a 'vagas]
GERESERVEERD	RESERVADO	[hezer'vadu]

ADMINISTRATIE	ADMINISTRAÇÃO	[adʒiministra'sãw]
ALLEEN VOOR	SOMENTE PESSOAL	[sɔ'mẽtʃi pe'swaw
PERSONEEL	AUTORIZADO	awtori'zadu]

GEVAARLIJKE HOND	CUIDADO CÃO FEROZ	[kwi'dadu kãw fe'rɔz]
VERBODEN TE ROKEN!	PROIBIDO FUMAR!	[proi'bidu fu'mar]
NIET AANRAKEN!	NÃO TOCAR	['nãw to'kar]

GEVAARLIJK	PERIGOSO	[peri'gozu]
GEVAAR	PERIGO	[pe'rigu]
HOOGSPANNING	ALTA TENSÃO	['awta tẽ'sãw]
VERBODEN TE ZWEMMEN	PROIBIDO NADAR	[proi'bidu na'dar]
BUITEN GEBRUIK	COM DEFEITO	[kõ de'fejtu]

ONTVLAMBAAR	INFLAMÁVEL	[ĩfla'mavew]
VERBODEN	PROIBIDO	[proi'bidu]
DOORGANG VERBODEN	ENTRADA PROIBIDA	[ẽ'trada proi'bida]
OPGELET PAS GEVERFD	CUIDADO TINTA FRESCA	[kwi'dadu 'tʃĩta 'freska]

56. Stedelijk vervoer

bus, autobus (de)	ônibus (m)	['onibus]
tram (de)	bonde (m) elétrico	['bõdʒi e'lɛtriku]
trolleybus (de)	trólebus (m)	['trɔlebus]
route (de)	rota (f), itinerário (m)	['hɔta], [itʃine'rarju]
nummer (busnummer, enz.)	número (m)	['numeru]
rijden met ...	ir de ...	[ir de]
stappen (in de bus ~)	entrar no ...	[ẽ'trar nu]

afstappen (ww)	descer do ...	[de'ser du]
halte (de)	parada (f)	[pa'rada]
volgende halte (de)	próxima parada (f)	['prɔsima pa'rada]
eindpunt (het)	terminal (m)	[termi'naw]
dienstregeling (de)	horário (m)	[o'rarju]
wachten (ww)	esperar (vt)	[ispe'rar]
kaartje (het)	passagem (f)	[pa'saʒẽ]
reiskosten (de)	tarifa (f)	[ta'rifa]
kassier (de)	bilheteiro (m)	[biʎe'tejru]
kaartcontrole (de)	controle (m) de passagens	[kõ'troli de pa'saʒãjʃ]
controleur (de)	revisor (m)	[hevi'zor]
te laat zijn (ww)	atrasar-se (vr)	[atra'zarsi]
missen (de bus ~)	perder (vt)	[per'der]
zich haasten (ww)	estar com pressa	[is'tar kõ 'prɛsa]
taxi (de)	táxi (m)	['taksi]
taxichauffeur (de)	taxista (m)	[tak'sista]
met de taxi (bw)	de táxi	[de 'taksi]
taxistandplaats (de)	ponto (m) de táxis	['põtu de 'taksis]
een taxi bestellen	chamar um táxi	[ʃa'mar ũ 'taksi]
een taxi nemen	pegar um táxi	[pe'gar ũ 'taksi]
verkeer (het)	tráfego (m)	['trafegu]
file (de)	engarrafamento (m)	[ẽgahafa'mẽtu]
spitsuur (het)	horas (f pl) de pico	['ɔras de 'piku]
parkeren (on.ww.)	estacionar (vi)	[istasjo'nar]
parkeren (ov.ww.)	estacionar (vt)	[istasjo'nar]
parking (de)	parque (m) de estacionamento	['parki de istasjona'mẽtu]
metro (de)	metrô (m)	[me'tro]
halte (bijv. kleine treinhalte)	estação (f)	[ista'sãw]
de metro nemen	ir de metrô	[ir de me'tro]
trein (de)	trem (m)	[trẽj]
station (treinstation)	estação (f) de trem	[ista'sãw de trẽj]

57. Bezienswaardigheden

monument (het)	monumento (m)	[monu'mẽtu]
vesting (de)	fortaleza (f)	[forta'leza]
paleis (het)	palácio (m)	[pa'lasju]
kasteel (het)	castelo (m)	[kas'tɛlu]
toren (de)	torre (f)	['tohi]
mausoleum (het)	mausoléu (m)	[mawzo'lɛw]
architectuur (de)	arquitetura (f)	[arkite'tura]
middeleeuws (bn)	medieval	[medʒje'vaw]
oud (bn)	antigo	[ã'tʃigu]
nationaal (bn)	nacional	[nasjo'naw]
bekend (bn)	famoso	[fa'mozu]
toerist (de)	turista (m)	[tu'rista]

gids (de)	guia (m)	['gia]
rondleiding (de)	excursão (f)	[iskur'sãw]
tonen (ww)	mostrar (vt)	[mos'trar]
vertellen (ww)	contar (vt)	[kõ'tar]
vinden (ww)	encontrar (vt)	[ẽkõ'trar]
verdwalen (de weg kwijt zijn)	perder-se (vr)	[per'dersi]
plattegrond (~ van de metro)	mapa (m)	['mapa]
plattegrond (~ van de stad)	mapa (m)	['mapa]
souvenir (het)	lembrança (f), presente (m)	[lẽ'brãsa], [pre'zẽtʃi]
souvenirwinkel (de)	loja (f) de presentes	['lɔʒa de pre'zẽtʃis]
foto's maken	tirar fotos	[tʃi'rar 'fɔtus]
zich laten fotograferen	fotografar-se (vr)	[fotogra'farse]

58. Winkelen

kopen (ww)	comprar (vt)	[kõ'prar]
aankoop (de)	compra (f)	['kõpra]
winkelen (ww)	fazer compras	[fa'zer 'kõpras]
winkelen (het)	compras (f pl)	['kõpras]
open zijn (ov. een winkel, enz.)	estar aberta	[is'tar a'bɛrta]
gesloten zijn (ww)	estar fechada	[is'tar fe'ʃada]
schoeisel (het)	calçado (m)	[kaw'sadu]
kleren (mv.)	roupa (f)	['hopa]
cosmetica (mv.)	cosméticos (m pl)	[koz'mɛtʃikus]
voedingswaren (mv.)	alimentos (m pl)	[ali'mẽtus]
geschenk (het)	presente (m)	[pre'zẽtʃi]
verkoper (de)	vendedor (m)	[vẽde'dor]
verkoopster (de)	vendedora (f)	[vẽde'dora]
kassa (de)	caixa (f)	['kaɪʃa]
spiegel (de)	espelho (m)	[is'peʎu]
toonbank (de)	balcão (m)	[baw'kãw]
paskamer (de)	provador (m)	[prɔva'dor]
aanpassen (ww)	provar (vt)	[pro'var]
passen (ov. kleren)	servir (vi)	[ser'vir]
bevallen (prettig vinden)	gostar (vt)	[gos'tar]
prijs (de)	preço (m)	['presu]
prijskaartje (het)	etiqueta (f) de preço	[etʃi'keta de 'presu]
kosten (ww)	custar (vt)	[kus'tar]
Hoeveel?	Quanto?	['kwãtu]
korting (de)	desconto (m)	[dʒis'kõtu]
niet duur (bn)	não caro	['nãw 'karu]
goedkoop (bn)	barato	[ba'ratu]
duur (bn)	caro	['karu]
Dat is duur.	É caro	[ɛ 'karu]

verhuur (de)	aluguel (m)	[alu'gɛw]
huren (smoking, enz.)	alugar (vt)	[alu'gar]
krediet (het)	crédito (m)	['krɛdʒitu]
op krediet (bw)	a crédito	[a 'krɛdʒitu]

59. Geld

geld (het)	dinheiro (m)	[dʒi'ɲejru]
ruil (de)	câmbio (m)	['kãbju]
koers (de)	taxa (f) de câmbio	['taʃa de 'kãbju]
geldautomaat (de)	caixa (m) eletrônico	['kaɪʃa ele'troniku]
muntstuk (de)	moeda (f)	['mwɛda]

dollar (de)	dólar (m)	['dɔlar]
euro (de)	euro (m)	['ewru]

lire (de)	lira (f)	['lira]
Duitse mark (de)	marco (m)	['marku]
frank (de)	franco (m)	['frãku]
pond sterling (het)	libra (f) esterlina	['libra ister'linu]
yen (de)	iene (m)	['jɛni]

schuld (geldbedrag)	dívida (f)	['dʒivida]
schuldenaar (de)	devedor (m)	[deve'dor]
uitlenen (ww)	emprestar (vt)	[ẽpres'tar]
lenen (geld ~)	pedir emprestado	[pe'dʒir ẽpres'tadu]

bank (de)	banco (m)	['bãku]
bankrekening (de)	conta (f)	['kõta]
storten (ww)	depositar (vt)	[depozi'tar]
op rekening storten	depositar na conta	[depozi'tar na 'kõta]
opnemen (ww)	sacar (vt)	[sa'kar]

kredietkaart (de)	cartão (m) de crédito	[kar'tãw de 'krɛdʒitu]
baar geld (het)	dinheiro (m) vivo	[dʒi'ɲejru 'vivu]
cheque (de)	cheque (m)	['ʃɛki]
een cheque uitschrijven	passar um cheque	[pa'sar ũ 'ʃɛki]
chequeboekje (het)	talão (m) de cheques	[ta'lãw de 'ʃɛkis]

portefeuille (de)	carteira (f)	[kar'tejra]
geldbeugel (de)	niqueleira (f)	[nike'lejra]
safe (de)	cofre (m)	['kɔfri]

erfgenaam (de)	herdeiro (m)	[er'dejru]
erfenis (de)	herança (f)	[e'rãsa]
fortuin (het)	fortuna (f)	[for'tuna]

huur (de)	arrendamento (m)	[ahẽda'mẽtu]
huurprijs (de)	aluguel (m)	[alu'gɛw]
huren (huis, kamer)	alugar (vt)	[alu'gar]

prijs (de)	preço (m)	['presu]
kostprijs (de)	custo (m)	['kustu]
som (de)	soma (f)	['sɔma]

uitgeven (geld besteden)	gastar (vt)	[gas'tar]
kosten (mv.)	gastos (m pl)	['gastus]
bezuinigen (ww)	economizar (vi)	[ekonomi'zar]
zuinig (bn)	econômico	[eko'nomiku]

betalen (ww)	pagar (vt)	[pa'gar]
betaling (de)	pagamento (m)	[paga'mẽtu]
wisselgeld (het)	troco (m)	['troku]

belasting (de)	imposto (m)	[ĩ'postu]
boete (de)	multa (f)	['muwta]
beboeten (bekeuren)	multar (vt)	[muw'tar]

60. Post. Postkantoor

postkantoor (het)	agência (f) dos correios	[a'ʒẽsja dus ko'hejus]
post (de)	correio (m)	[ko'heju]
postbode (de)	carteiro (m)	[kar'tejru]
openingsuren (mv.)	horário (m)	[o'rarju]

brief (de)	carta (f)	['karta]
aangetekende brief (de)	carta (f) registada	['karta heʒis'tada]
briefkaart (de)	cartão (m) postal	[kar'tãw pos'taw]
telegram (het)	telegrama (m)	[tele'grama]
postpakket (het)	encomenda (f)	[ẽko'mẽda]
overschrijving (de)	transferência (f) de dinheiro	[trãsfe'rẽsja de dʒi'ɲejru]

ontvangen (ww)	receber (vt)	[hese'ber]
sturen (zenden)	enviar (vt)	[ẽ'vjar]
verzending (de)	envio (m)	[ẽ'viu]

adres (het)	endereço (m)	[ẽde'resu]
postcode (de)	código (m) postal	['kɔdʒigu pos'taw]
verzender (de)	remetente (m)	[heme'tẽtʃi]
ontvanger (de)	destinatário (m)	[destʃina'tarju]

| naam (de) | nome (m) | ['nɔmi] |
| achternaam (de) | sobrenome (m) | [sobri'nɔmi] |

tarief (het)	tarifa (f)	[ta'rifa]
standaard (bn)	ordinário	[ordʒi'narju]
zuinig (bn)	econômico	[eko'nomiku]

gewicht (het)	peso (m)	['pezu]
afwegen (op de weegschaal)	pesar (vt)	[pe'zar]
envelop (de)	envelope (m)	[ẽve'lɔpi]
postzegel (de)	selo (m) postal	['selu pos'taw]
een postzegel plakken op	colar o selo	[ko'lar u 'selu]

Woning. Huis. Thuis

61. Huis. Elektriciteit

elektriciteit (de)	eletricidade (f)	[eletrisi'dadʒi]
lamp (de)	lâmpada (f)	['lãpada]
schakelaar (de)	interruptor (m)	[ĩtehup'tor]
zekering (de)	fusível, disjuntor (m)	[fu'zivew], [dʒisʒũ'tor]
draad (de)	fio, cabo (m)	['fiu], ['kabu]
bedrading (de)	instalação (f) elétrica	[ĩstala'sãw e'lɛtrika]
elektriciteitsmeter (de)	medidor (m) de eletricidade	[medʒi'dor de eletrisi'dadʒi]
gegevens (mv.)	indicação (f), registro (m)	[indʒika'sãw], [he'ʒistru]

62. Villa. Herenhuis

landhuisje (het)	casa (f) de campo	['kaza de 'kãpu]
villa (de)	vila (f)	['vila]
vleugel (de)	ala (f)	['ala]
tuin (de)	jardim (m)	[ʒar'dʒĩ]
park (het)	parque (m)	['parki]
oranjerie (de)	estufa (f)	[is'tufa]
onderhouden (tuin, enz.)	cuidar de ...	[kwi'dar de]
zwembad (het)	piscina (f)	[pi'sina]
gym (het)	academia (f) de ginástica	[akade'mia de ʒi'nastʃika]
tennisveld (het)	quadra (f) de tênis	['kwadra de 'tenis]
bioscoopkamer (de)	cinema (m)	[si'nɛma]
garage (de)	garagem (f)	[ga'raʒẽ]
privé-eigendom (het)	propriedade (f) privada	[proprje'dadʒi pri'vada]
eigen terrein (het)	terreno (m) privado	[te'hɛnu pri'vadu]
waarschuwing (de)	advertência (f)	[adʒiver'tẽsja]
waarschuwingsbord (het)	sinal (m) de aviso	[si'naw de a'vizu]
bewaking (de)	guarda (f)	['gwarda]
bewaker (de)	guarda (m)	['gwarda]
inbraakalarm (het)	alarme (m)	[a'larmi]

63. Appartement

appartement (het)	apartamento (m)	[aparta'mẽtu]
kamer (de)	quarto, cômodo (m)	['kwartu], ['komodu]
slaapkamer (de)	quarto (m) de dormir	['kwartu de dor'mir]

eetkamer (de)	sala (f) de jantar	['sala de ʒã'tar]
salon (de)	sala (f) de estar	['sala de is'tar]
studeerkamer (de)	escritório (m)	[iskri'tɔrju]
gang (de)	sala (f) de entrada	['sala de ẽ'trada]
badkamer (de)	banheiro (m)	[ba'ɲejru]
toilet (het)	lavabo (m)	[la'vabu]
plafond (het)	teto (m)	['tɛtu]
vloer (de)	chão, piso (m)	['ʃãw], ['pizu]
hoek (de)	canto (m)	['kãtu]

64. Meubels. Interieur

meubels (mv.)	mobiliário (m)	[mobi'ljarju]
tafel (de)	mesa (f)	['meza]
stoel (de)	cadeira (f)	[ka'dejra]
bed (het)	cama (f)	['kama]
bankstel (het)	sofá, divã (m)	[so'fa], [dʒi'vã]
fauteuil (de)	poltrona (f)	[pow'trɔna]
boekenkast (de)	estante (f)	[is'tãtʃi]
boekenrek (het)	prateleira (f)	[prate'lejra]
kledingkast (de)	guarda-roupas (m)	['gwarda 'hopa]
kapstok (de)	cabide (m) de parede	[ka'bidʒi de pa'redʒi]
staande kapstok (de)	cabideiro (m) de pé	[kabi'dejru de pɛ]
commode (de)	cômoda (f)	['komoda]
salontafeltje (het)	mesinha (f) de centro	[me'ziɲa de 'sẽtru]
spiegel (de)	espelho (m)	[is'peʎu]
tapijt (het)	tapete (m)	[ta'petʃi]
tapijtje (het)	tapete (m)	[ta'petʃi]
haard (de)	lareira (f)	[la'rejra]
kaars (de)	vela (f)	['vɛla]
kandelaar (de)	castiçal (m)	[kastʃi'saw]
gordijnen (mv.)	cortinas (f pl)	[kor'tʃinas]
behang (het)	papel (m) de parede	[pa'pɛw de pa'redʒi]
jaloezie (de)	persianas (f pl)	[per'sjanas]
bureaulamp (de)	luminária (f) de mesa	[lumi'narja de 'meza]
wandlamp (de)	luminária (f) de parede	[lumi'narja de pa'redʒi]
staande lamp (de)	abajur (m) de pé	[aba'ʒur de 'pɛ]
luchter (de)	lustre (m)	['lustri]
poot (ov. een tafel, enz.)	pé (m)	[pɛ]
armleuning (de)	braço, descanso (m)	['brasu], [dʒis'kãsu]
rugleuning (de)	costas (f pl)	['kɔstas]
la (de)	gaveta (f)	[ga'veta]

65. Beddengoed

beddengoed (het)	roupa (f) de cama	['hopa de 'kama]
kussen (het)	travesseiro (m)	[trave'sejru]
kussenovertrek (de)	fronha (f)	['froɲa]
deken (de)	cobertor (m)	[kuber'tor]
laken (het)	lençol (m)	[lẽ'sɔw]
sprei (de)	colcha (f)	['kowʃa]

66. Keuken

keuken (de)	cozinha (f)	[ko'ziɲa]
gas (het)	gás (m)	[gajs]
gasfornuis (het)	fogão (m) a gás	[fo'gãw a gajs]
elektrisch fornuis (het)	fogão (m) elétrico	[fo'gãw e'lɛtriku]
oven (de)	forno (m)	['fornu]
magnetronoven (de)	forno (m) de micro-ondas	['fornu de mikro'õdas]
koelkast (de)	geladeira (f)	[ʒela'dejra]
diepvriezer (de)	congelador (m)	[kõʒela'dor]
vaatwasmachine (de)	máquina (f) de lavar louça	['makina de la'var 'losa]
vleesmolen (de)	moedor (m) de carne	[moe'dor de 'karni]
vruchtenpers (de)	espremedor (m)	[ispreme'dor]
toaster (de)	torradeira (f)	[toha'dejra]
mixer (de)	batedeira (f)	[bate'dejra]
koffiemachine (de)	máquina (f) de café	['makina de ka'fɛ]
koffiepot (de)	cafeteira (f)	[kafe'tejra]
koffiemolen (de)	moedor (m) de café	[moe'dor de ka'fɛ]
fluitketel (de)	chaleira (f)	[ʃa'lejra]
theepot (de)	bule (m)	['buli]
deksel (de/het)	tampa (f)	['tãpa]
theezeefje (het)	coador (m) de chá	[koa'dor de ʃa]
lepel (de)	colher (f)	[ko'ʎer]
theelepeltje (het)	colher (f) de chá	[ko'ʎer de ʃa]
eetlepel (de)	colher (f) de sopa	[ko'ʎer de 'sopa]
vork (de)	garfo (m)	['garfu]
mes (het)	faca (f)	['faka]
vaatwerk (het)	louça (f)	['losa]
bord (het)	prato (m)	['pratu]
schoteltje (het)	pires (m)	['piris]
likeurglas (het)	cálice (m)	['kalisi]
glas (het)	copo (m)	['kɔpu]
kopje (het)	xícara (f)	['ʃikara]
suikerpot (de)	açucareiro (m)	[asuka'rejru]
zoutvat (het)	saleiro (m)	[sa'lejru]
pepervat (het)	pimenteiro (m)	[pimẽ'tejru]

boterschaaltje (het)	manteigueira (f)	[mătej'gejra]
pan (de)	panela (f)	[pa'nɛla]
bakpan (de)	frigideira (f)	[friʒi'dejra]
pollepel (de)	concha (f)	['kõʃa]
vergiet (de/het)	coador (m)	[koa'dor]
dienblad (het)	bandeja (f)	[bã'deʒa]
fles (de)	garrafa (f)	[ga'hafa]
glazen pot (de)	pote (m) de vidro	['potʃi de 'vidru]
blik (conserven~)	lata (f)	['lata]
flesopener (de)	abridor (m) de garrafa	[abri'dor de ga'hafa]
blikopener (de)	abridor (m) de latas	[abri'dor de 'latas]
kurkentrekker (de)	saca-rolhas (m)	['saka-'hoʎas]
filter (de/het)	filtro (m)	['fiwtru]
filteren (ww)	filtrar (vt)	[fiw'trar]
huisvuil (het)	lixo (m)	['liʃu]
vuilnisemmer (de)	lixeira (f)	[li'ʃejra]

67. Badkamer

badkamer (de)	banheiro (m)	[ba'ɲejru]
water (het)	água (f)	['agwa]
kraan (de)	torneira (f)	[tor'nejra]
warm water (het)	água (f) quente	['agwa 'kẽtʃi]
koud water (het)	água (f) fria	['agwa 'fria]
tandpasta (de)	pasta (f) de dente	['pasta de 'dẽtʃi]
tanden poetsen (ww)	escovar os dentes	[isko'var us 'dẽtʃis]
tandenborstel (de)	escova (f) de dente	[is'kova de 'dẽtʃi]
zich scheren (ww)	barbear-se (vr)	[bar'bjarsi]
scheercrème (de)	espuma (f) de barbear	[is'puma de bar'bjar]
scheermes (het)	gilete (f)	[ʒi'lɛtʃi]
wassen (ww)	lavar (vt)	[la'var]
een bad nemen	tomar banho	[to'mar baɲu]
douche (de)	chuveiro (m), ducha (f)	[ʃu'vejru], ['duʃa]
een douche nemen	tomar uma ducha	[to'mar 'uma 'duʃa]
bad (het)	banheira (f)	[ba'ɲejra]
toiletpot (de)	vaso (m) sanitário	['vazu sani'tarju]
wastafel (de)	pia (f)	['pia]
zeep (de)	sabonete (m)	[sabo'netʃi]
zeepbakje (het)	saboneteira (f)	[sabone'tejra]
spons (de)	esponja (f)	[is'põʒa]
shampoo (de)	xampu (m)	[ʃã'pu]
handdoek (de)	toalha (f)	[to'aʎa]
badjas (de)	roupão (m) de banho	[ho'pãw de 'baɲu]
was (bijv. handwas)	lavagem (f)	[la'vaʒẽ]
wasmachine (de)	lavadora (f) de roupas	[lava'dora de 'hopas]

| de was doen | lavar a roupa | [la'var a 'hopa] |
| waspoeder (de) | detergente (m) | [deter'ʒẽtʃi] |

68. Huishoudelijke apparaten

televisie (de)	televisor (m)	[televi'zor]
cassettespeler (de)	gravador (m)	[grava'dor]
videorecorder (de)	videogravador (m)	['vidʒju·grava'dor]
radio (de)	rádio (m)	['hadʒju]
speler (de)	leitor (m)	[lej'tor]

videoprojector (de)	projetor (m)	[proʒe'tor]
home theater systeem (het)	cinema (m) em casa	[si'nɛma ẽ 'kaza]
DVD-speler (de)	DVD Player (m)	[deve'de 'plejer]
versterker (de)	amplificador (m)	[ãplifika'dor]
spelconsole (de)	console (f) de jogos	[kõ'sɔli de 'ʒogus]

videocamera (de)	câmera (f) de vídeo	['kamera de 'vidʒju]
fotocamera (de)	máquina (f) fotográfica	['makina foto'grafika]
digitale camera (de)	câmera (f) digital	['kamera dʒiʒi'taw]

stofzuiger (de)	aspirador (m)	[aspira'dor]
strijkijzer (het)	ferro (m) de passar	['fɛhu de pa'sar]
strijkplank (de)	tábua (f) de passar	['tabwa de pa'sar]

telefoon (de)	telefone (m)	[tele'fɔni]
mobieltje (het)	celular (m)	[selu'lar]
schrijfmachine (de)	máquina (f) de escrever	['makina de iskre'ver]
naaimachine (de)	máquina (f) de costura	['makina de kos'tura]

microfoon (de)	microfone (m)	[mikro'fɔni]
koptelefoon (de)	fone (m) de ouvido	['fɔni de o'vidu]
afstandsbediening (de)	controle remoto (m)	[kõ'troli he'mɔtu]

CD (de)	CD (m)	['sede]
cassette (de)	fita (f) cassete	['fita ka'sɛtʃi]
vinylplaat (de)	disco (m) de vinil	['dʒisku de vi'niw]

MENSELIJKE ACTIVITEITEN

Baan. Business. Deel 1

69. Kantoor. Op kantoor werken

kantoor (het)	escritório (m)	[iskri'tɔrju]
kamer (de)	escritório (m)	[iskri'tɔrju]
receptie (de)	recepção (f)	[hesep'sãw]
secretaris (de)	secretário (m)	[sekre'tarju]
secretaresse (de)	secretária (f)	[sekre'tarja]
directeur (de)	diretor (m)	[dʒire'tor]
manager (de)	gerente (m)	[ʒe'rẽtʃi]
boekhouder (de)	contador (m)	[kõta'dɔr]
werknemer (de)	empregado (m)	[ẽpre'gadu]
meubilair (het)	mobiliário (m)	[mobi'ljarju]
tafel (de)	mesa (f)	['meza]
bureaustoel (de)	cadeira (f)	[ka'dejra]
ladeblok (het)	gaveteiro (m)	[gave'tejru]
kapstok (de)	cabideiro (m) de pé	[kabi'dejru de pɛ]
computer (de)	computador (m)	[kõputa'dor]
printer (de)	impressora (f)	[ĩpre'sora]
fax (de)	fax (m)	[faks]
kopieerapparaat (het)	fotocopiadora (f)	[fotokopja'dora]
papier (het)	papel (m)	[pa'pɛw]
kantoorartikelen (mv.)	artigos (m pl) de escritório	[ar'tʃigus de iskri'tɔrju]
muismat (de)	tapete (m) para mouse	[ta'petʃi 'para 'mawz]
blad (het)	folha (f)	['foʎa]
ordner (de)	pasta (f)	['pasta]
catalogus (de)	catálogo (m)	[ka'talogu]
telefoongids (de)	lista (f) telefônica	['lista tele'fonika]
documentatie (de)	documentação (f)	[dokumẽta'sãw]
brochure (de)	brochura (f)	[bro'ʃura]
flyer (de)	panfleto (m)	[pã'fletu]
monster (het), staal (de)	amostra (f)	[a'mɔstra]
training (de)	formação (f)	[forma'sãw]
vergadering (de)	reunião (f)	[heu'njãw]
lunchpauze (de)	hora (f) de almoço	['ɔra de aw'mosu]
een kopie maken	fazer uma cópia	[fa'zer 'uma 'kɔpja]
de kopieën maken	tirar cópias	[tʃi'rar 'kɔpjas]
een fax ontvangen	receber um fax	[hese'ber ũ faks]
een fax versturen	enviar um fax	[ẽ'vjar ũ faks]

opbellen (ww)	fazer uma chamada	[fa'zer 'uma ʃa'mada]
antwoorden (ww)	responder (vt)	[hespõ'der]
doorverbinden (ww)	passar (vt)	[pa'sar]
afspreken (ww)	marcar (vt)	[mar'kar]
demonstreren (ww)	demonstrar (vt)	[demõs'trar]
absent zijn (ww)	estar ausente	[is'tar aw'zẽtʃi]
afwezigheid (de)	ausência (f)	[aw'zẽsja]

70. Bedrijfsprocessen. Deel 1

bedrijf (business)	negócio (m)	[ne'gɔsju]
zaak (de), beroep (het)	ocupação (f)	[okupa'sãw]
firma (de)	firma, empresa (f)	['firma], [ẽ'preza]
bedrijf (maatschap)	companhia (f)	[kõpa'ɲia]
corporatie (de)	corporação (f)	[korpora'sãw]
onderneming (de)	empresa (f)	[ẽ'preza]
agentschap (het)	agência (f)	[a'ʒẽsja]
overeenkomst (de)	acordo (m)	[a'kordu]
contract (het)	contrato (m)	[kõ'tratu]
transactie (de)	acordo (m)	[a'kordu]
bestelling (de)	pedido (m)	[pe'dʒidu]
voorwaarde (de)	termos (m pl)	['termus]
in het groot (bw)	por atacado	[por ata'kadu]
groothandels- (abn)	por atacado	[por atak'adu]
groothandel (de)	venda (f) por atacado	['vẽda pur ata'kadu]
kleinhandels- (abn)	a varejo	[a va'reʒu]
kleinhandel (de)	venda (f) a varejo	['vẽda a va'reʒu]
concurrent (de)	concorrente (m)	[kõko'hẽtʃi]
concurrentie (de)	concorrência (f)	[kõko'hẽsja]
concurreren (ww)	competir (vi)	[kõpe'tʃir]
partner (de)	sócio (m)	['sɔsju]
partnerschap (het)	parceria (f)	[parse'ria]
crisis (de)	crise (f)	['krizi]
bankroet (het)	falência (f)	[fa'lẽsja]
bankroet gaan (ww)	entrar em falência	[ẽ'trar ẽ fa'lẽsja]
moeilijkheid (de)	dificuldade (f)	[dʒifikuw'dadʒi]
probleem (het)	problema (m)	[prob'lɛma]
catastrofe (de)	catástrofe (f)	[ka'tastrofi]
economie (de)	economia (f)	[ekono'mia]
economisch (bn)	econômico	[eko'nomiku]
economische recessie (de)	recessão (f) econômica	[hesep'sãw eko'nomika]
doel (het)	objetivo (m)	[obʒe'tʃivu]
taak (de)	tarefa (f)	[ta'rɛfa]
handelen (handel drijven)	comerciar (vi, vt)	[komer'sjar]
netwerk (het)	rede (f), cadeia (f)	['hedʒi], [ka'deja]

| voorraad (de) | estoque (m) | [is'tɔki] |
| assortiment (het) | sortimento (m) | [sortʃi'mẽtu] |

leider (de)	líder (m)	['lider]
groot (bn)	grande	['grãdʒi]
monopolie (het)	monopólio (m)	[mono'pɔlju]

theorie (de)	teoria (f)	[teo'ria]
praktijk (de)	prática (f)	['pratʃika]
ervaring (de)	experiência (f)	[ispe'rjẽsja]
tendentie (de)	tendência (f)	[tẽ'dẽsja]
ontwikkeling (de)	desenvolvimento (m)	[dʒizẽvowvi'mẽtu]

71. Bedrijfsprocessen. Deel 2

| voordeel (het) | rentabilidade (f) | [hẽtabili'dadʒi] |
| voordelig (bn) | rentável | [hẽ'tavew] |

delegatie (de)	delegação (f)	[delega'sãw]
salaris (het)	salário, ordenado (m)	[sa'larju], [orde'nadu]
corrigeren (fouten ~)	corrigir (vt)	[kohi'ʒir]
zakenreis (de)	viagem (f) de negócios	['vjaʒẽ de ne'gɔsjus]
commissie (de)	comissão (f)	[komi'sãw]

controleren (ww)	controlar (vt)	[kõtro'lar]
conferentie (de)	conferência (f)	[kõfe'rẽsja]
licentie (de)	licença (f)	[li'sẽsa]
betrouwbaar (partner, enz.)	confiável	[kõ'fjavew]

aanzet (de)	empreendimento (m)	[ẽprjẽdʒi'mẽtu]
norm (bijv. ~ stellen)	norma (f)	['nɔrma]
omstandigheid (de)	circunstância (f)	[sirkũ'stãsja]
taak, plicht (de)	dever (m)	[de'ver]

organisatie (bedrijf, zaak)	empresa (f)	[ẽ'preza]
organisatie (proces)	organização (f)	[organiza'sãw]
georganiseerd (bn)	organizado	[organi'zadu]
afzegging (de)	anulação (f)	[anula'sãw]
afzeggen (ww)	anular, cancelar (vt)	[anu'lar], [kãse'lar]
verslag (het)	relatório (m)	[hela'tɔrju]

patent (het)	patente (f)	[pa'tẽtʃi]
patenteren (ww)	patentear (vt)	[patẽ'tʃar]
plannen (ww)	planejar (vt)	[plane'ʒar]

premie (de)	bônus (m)	['bonus]
professioneel (bn)	profissional	[profisjo'naw]
procedure (de)	procedimento (m)	[prosedʒi'mẽtu]

onderzoeken (contract, enz.)	examinar (vt)	[ezami'nar]
berekening (de)	cálculo (m)	['kawkulu]
reputatie (de)	reputação (f)	[reputa'sãw]
risico (het)	risco (m)	['hisku]
beheren (managen)	dirigir (vt)	[dʒiri'ʒir]

informatie (de)	informação (f)	[ĩforma'sãw]
eigendom (bezit)	propriedade (f)	[proprje'dadʒi]
unie (de)	união (f)	[u'njãw]
levensverzekering (de)	seguro (m) de vida	[se'guru de 'vida]
verzekeren (ww)	fazer um seguro	[fa'zer ũ se'guru]
verzekering (de)	seguro (m)	[se'guru]
veiling (de)	leilão (m)	[lej'lãw]
verwittigen (ww)	notificar (vt)	[notʃifi'kar]
beheer (het)	gestão (f)	[ʒes'tãw]
dienst (de)	serviço (m)	[ser'visu]
forum (het)	fórum (m)	['forũ]
functioneren (ww)	funcionar (vi)	[fũsjo'nar]
stap, etappe (de)	estágio (m)	[is'taʒu]
juridisch (bn)	jurídico, legal	[ʒu'ridʒiku], [le'gaw]
jurist (de)	advogado (m)	[adʒivo'gadu]

72. Productie. Werken

industriële installatie (fabriek)	usina (f)	[u'zina]
fabriek (de)	fábrica (f)	['fabrika]
werkplaatsruimte (de)	oficina (f)	[ofi'sina]
productielocatie (de)	local (m) de produção	[lo'kaw de produ'sãw]
industrie (de)	indústria (f)	[ĩ'dustrja]
industrieel (bn)	industrial	[ĩdus'trjaw]
zware industrie (de)	indústria (f) pesada	[ĩ'dustrja pe'zada]
lichte industrie (de)	indústria (f) ligeira	[ĩ'dustrja li'ʒejra]
productie (de)	produção (f)	[produ'sãw]
produceren (ww)	produzir (vt)	[produ'zir]
grondstof (de)	matérias-primas (f pl)	[ma'tɛrjas 'primas]
voorman, ploegbaas (de)	chefe (m) de obras	['ʃɛfi de 'ɔbras]
ploeg (de)	equipe (f)	[e'kipi]
arbeider (de)	operário (m)	[ope'rarju]
werkdag (de)	dia (m) de trabalho	['dʒia de tra'baʎu]
pauze (de)	intervalo (m)	[ĩter'valu]
samenkomst (de)	reunião (f)	[heu'njãw]
bespreken (spreken over)	discutir (vt)	[dʒisku'tʃir]
plan (het)	plano (m)	['planu]
het plan uitvoeren	cumprir o plano	[kũ'prir u 'planu]
productienorm (de)	taxa (f) de produção	['taʃa de produ'sãw]
kwaliteit (de)	qualidade (f)	[kwali'dadʒi]
controle (de)	controle (m)	[kõ'troli]
kwaliteitscontrole (de)	controle (m) da qualidade	[kõ'troli da kwali'dadʒi]
arbeidsveiligheid (de)	segurança (f) no trabalho	[segu'rãsa nu tra'baʎu]
discipline (de)	disciplina (f)	[dʒisi'plina]
overtreding (de)	infração (f)	[ĩfra'sãw]

overtreden (ww)	violar (vt)	[vjo'lar]
staking (de)	greve (f)	['grɛvi]
staker (de)	grevista (m)	[gre'vista]
staken (ww)	estar em greve	[is'tar ẽ 'grɛvi]
vakbond (de)	sindicato (m)	[sĩdʒi'katu]
uitvinden (machine, enz.)	inventar (vt)	[ĩvẽ'tar]
uitvinding (de)	invenção (f)	[ĩvẽ'sãw]
onderzoek (het)	pesquisa (f)	[pes'kiza]
verbeteren (beter maken)	melhorar (vt)	[meʎo'rar]
technologie (de)	tecnologia (f)	[teknolo'ʒia]
technische tekening (de)	desenho (m) técnico	[de'zɛɲu 'tɛkniku]
vracht (de)	carga (f)	['karga]
lader (de)	carregador (m)	[kahega'dor]
laden (vrachtwagen)	carregar (vt)	[kahe'gar]
laden (het)	carregamento (m)	[kahega'mẽtu]
lossen (ww)	descarregar (vt)	[dʒiskahe'gar]
lossen (het)	descarga (f)	[dʒis'karga]
transport (het)	transporte (m)	[trãs'pɔrtʃi]
transportbedrijf (de)	companhia (f) de transporte	[kõpa'ɲia de trãs'pɔrtʃi]
transporteren (ww)	transportar (vt)	[trãspor'tar]
goederenwagon (de)	vagão (m) de carga	[va'gãw de 'karga]
tank (bijv. ketelwagen)	tanque (m)	['tãki]
vrachtwagen (de)	caminhão (m)	[kami'ɲãw]
machine (de)	máquina (f) operatriz	['makina opera'triz]
mechanisme (het)	mecanismo (m)	[meka'nizmu]
industrieel afval (het)	resíduos (m pl) industriais	[he'zidwus ĩdus'trjajs]
verpakking (de)	embalagem (f)	[ẽba'laʒẽ]
verpakken (ww)	embalar (vt)	[ẽba'lar]

73. Contract. Overeenstemming

contract (het)	contrato (m)	[kõ'tratu]
overeenkomst (de)	acordo (m)	[a'kordu]
bijlage (de)	anexo (m)	[a'nɛksu]
een contract sluiten	assinar o contrato	[asi'nar u kõ'tratu]
handtekening (de)	assinatura (f)	[asina'tura]
ondertekenen (ww)	assinar (vt)	[asi'nar]
stempel (de)	carimbo (m)	[ka'rĩbu]
voorwerp (het) van de overeenkomst	objeto (m) do contrato	[ob'ʒɛtu du kõ'tratu]
clausule (de)	cláusula (f)	['klawzula]
partijen (mv.)	partes (f pl)	['partʃis]
vestigingsadres (het)	domicílio (m) legal	[domi'silju le'gaw]
het contract verbreken (overtreden)	violar o contrato	[vjo'lar u kõ'tratu]

verplichting (de)	obrigação (f)	[obriga'sãw]
verantwoordelijkheid (de)	responsabilidade (f)	[hespõsabili'dadʒi]
overmacht (de)	força (f) maior	['forsa ma'jɔr]
geschil (het)	litígio (m), disputa (f)	[li'tʃiʒju], [dʒis'puta]
sancties (mv.)	multas (f pl)	['muwtas]

74. Import & Export

import (de)	importação (f)	[importa'sãw]
importeur (de)	importador (m)	[ĩporta'dor]
importeren (ww)	importar (vt)	[ĩpor'tar]
import- (abn)	de importação	[de importa'sãw]
uitvoer (export)	exportação (f)	[isporta'sãw]
exporteur (de)	exportador (m)	[isporta'dor]
exporteren (ww)	exportar (vt)	[ispor'tar]
uitvoer- (bijv., ~goederen)	de exportação	[de isporta'sãw]
goederen (mv.)	mercadoria (f)	[merkado'ria]
partij (de)	lote (m)	['lotʃi]
gewicht (het)	peso (m)	['pezu]
volume (het)	volume (m)	[vo'lumi]
kubieke meter (de)	metro (m) cúbico	['mɛtru 'kubiku]
producent (de)	produtor (m)	[produ'tor]
transportbedrijf (de)	companhia (f) de transporte	[kõpa'ɲia de trãs'pɔrtʃi]
container (de)	contêiner (m)	[kõ'tejner]
grens (de)	fronteira (f)	[frõ'tejra]
douane (de)	alfândega (f)	[aw'fãdʒiga]
douanerecht (het)	taxa (f) alfandegária	['taʃa awfãde'garja]
douanier (de)	funcionário (m) da alfândega	[fũsjo'narju da aw'fãdʒiga]
smokkelen (het)	contrabando (m)	[kõtra'bãdu]
smokkelwaar (de)	contrabando (m)	[kõtra'bãdu]

75. Financiën

aandeel (het)	ação (f)	[a'sãw]
obligatie (de)	obrigação (f)	[obriga'sãw]
wissel (de)	nota (f) promissória	['nɔta promi'sɔrja]
beurs (de)	bolsa (f) de valores	['bowsa de va'lores]
aandelenkoers (de)	cotação (m) das ações	[kota'sãw das a'sõjs]
dalen (ww)	tornar-se mais barato	[tor'narsi majs ba'ratu]
stijgen (ww)	tornar-se mais caro	[tor'narsi majs 'karu]
deel (het)	parte (f)	['partʃi]
meerderheidsbelang (het)	participação (f) majoritária	[partʃisipa'sãw maʒori'tarja]
investeringen (mv.)	investimento (m)	[ĩvestʃi'mẽtu]
investeren (ww)	investir (vt)	[ĩves'tʃir]

procent (het)	porcentagem (f)	[porsẽ'taʒẽ]
rente (de)	juros (m pl)	['ʒurus]
winst (de)	lucro (m)	['lukru]
winstgevend (bn)	lucrativo	[lukra'tʃivu]
belasting (de)	imposto (m)	[i'postu]
valuta (vreemde ~)	divisa (f)	[dʒi'viza]
nationaal (bn)	nacional	[nasjo'naw]
ruil (de)	câmbio (m)	['kãbju]
boekhouder (de)	contador (m)	[kõta'dɔr]
boekhouding (de)	contabilidade (f)	[kõtabili'dadʒi]
bankroet (het)	falência (f)	[fa'lẽsja]
ondergang (de)	falência, quebra (f)	[fa'lẽsja], ['kɛbra]
faillissement (het)	ruína (f)	['hwina]
geruïneerd zijn (ww)	estar quebrado	[is'tar ke'bradu]
inflatie (de)	inflação (f)	[ĩfla'sãw]
devaluatie (de)	desvalorização (f)	[dʒizvaloriza'sãw]
kapitaal (het)	capital (m)	[kapi'taw]
inkomen (het)	rendimento (m)	[hẽdʒi'mẽtu]
omzet (de)	volume (m) de negócios	[vo'lumi de ne'gɔsjus]
middelen (mv.)	recursos (m pl)	[he'kursus]
financiële middelen (mv.)	recursos (m pl) financeiros	[he'kursus finã'sejrus]
operationele kosten (mv.)	despesas (f pl) gerais	[dʒis'pezas ʒe'rajs]
reduceren (kosten ~)	reduzir (vt)	[hedu'zir]

76. Marketing

marketing (de)	marketing (m)	['marketʃĩn]
markt (de)	mercado (m)	[mer'kadu]
marktsegment (het)	segmento (m) do mercado	[sɛg'mẽtu du mer'kadu]
product (het)	produto (m)	[pru'dutu]
goederen (mv.)	mercadoria (f)	[merkado'ria]
merk (het)	marca (f)	['marka]
handelsmerk (het)	marca (f) registrada	['marka heʒis'trada]
beeldmerk (het)	logotipo (m)	[logo'tʃipu]
logo (het)	logo (m)	['lɔgu]
vraag (de)	demanda (f)	[de'mãda]
aanbod (het)	oferta (f)	[ɔ'fɛrta]
behoefte (de)	necessidade (f)	[nesesi'dadʒi]
consument (de)	consumidor (m)	[kõsumi'dor]
analyse (de)	análise (f)	[a'nalizi]
analyseren (ww)	analisar (vt)	[anali'zar]
positionering (de)	posicionamento (m)	[pozisjona'mẽtu]
positioneren (ww)	posicionar (vt)	[pozisjo'nar]
prijs (de)	preço (m)	['presu]
prijspolitiek (de)	política (f) de preços	[po'litʃika de 'presus]
prijsvorming (de)	formação (f) de preços	[forma'sãw de 'presus]

77. Reclame

reclame (de)	publicidade (f)	[publisi'dadʒi]
adverteren (ww)	fazer publicidade	[fa'zer publisi'dadʒi]
budget (het)	orçamento (m)	[orsa'mẽtu]

advertentie, reclame (de)	anúncio (m)	[a'nũsju]
TV-reclame (de)	publicidade (f) televisiva	[publisi'dadʒi televi'ziva]
radioreclame (de)	publicidade (f) na rádio	[publisi'dadʒi na 'hadʒju]
buitenreclame (de)	publicidade (f) exterior	[publisi'dadʒi iste'rjor]

massamedia (de)	comunicação (f) de massa	[komunika'sãw de 'masa]
periodiek (de)	periódico (m)	[pe'rjɔdʒiku]
imago (het)	imagem (f)	[i'maʒẽ]

slagzin (de)	slogan (m)	[iz'lɔgã]
motto (het)	mote (m), lema (f)	['mɔtʃi], ['lɛma]

campagne (de)	campanha (f)	[kã'paɲa]
reclamecampagne (de)	campanha (f) publicitária	[kã'paɲa publisi'tarja]
doelpubliek (het)	grupo (m) alvo	['grupu 'awvu]

visitekaartje (het)	cartão (m) de visita	[kar'tãw de vi'zita]
flyer (de)	panfleto (m)	[pã'fletu]
brochure (de)	brochura (f)	[bro'ʃura]
folder (de)	folheto (m)	[fo'ʎetu]
nieuwsbrief (de)	boletim (m)	[bole'tʃĩ]

gevelreclame (de)	letreiro (m)	[le'trejru]
poster (de)	pôster (m)	['poster]
aanplakbord (het)	painel (m) publicitário	[paj'nɛw publisi'tarju]

78. Bankieren

bank (de)	banco (m)	['bãku]
bankfiliaal (het)	balcão (f)	[baw'kãw]

bankbediende (de)	consultor (m) bancário	[kõsuw'tor bã'karju]
manager (de)	gerente (m)	[ʒe'rẽtʃi]

bankrekening (de)	conta (f)	['kõta]
rekeningnummer (het)	número (m) da conta	['numeru da 'kõta]
lopende rekening (de)	conta (f) corrente	['kõta ko'hẽtʃi]
spaarrekening (de)	conta (f) poupança	['kõta po'pãsa]

een rekening openen	abrir uma conta	[a'brir 'uma 'kõta]
de rekening sluiten	fechar uma conta	[fe'ʃar 'uma 'kõta]
op rekening storten	depositar na conta	[depozi'tar na 'kõta]
opnemen (ww)	sacar (vt)	[sa'kar]

storting (de)	depósito (m)	[de'pozitu]
een storting maken	fazer um depósito	[fa'zer ũ de'pozitu]
overschrijving (de)	transferência (f) bancária	[trãsfe'rẽsja bã'karja]

T&P Books. Thematische woordenschat Nederlands-Braziliaans Portugees - 5000 woorden

een overschrijving maken	transferir (vt)	[trãsfe'rir]
som (de)	soma (f)	['sɔma]
Hoeveel?	Quanto?	['kwãtu]

| handtekening (de) | assinatura (f) | [asina'tura] |
| ondertekenen (ww) | assinar (vt) | [asi'nar] |

kredietkaart (de)	cartão (m) de crédito	[kar'tãw de 'krɛdʒitu]
code (de)	senha (f)	['sɛɲa]
kredietkaartnummer (het)	número (m) do cartão de crédito	['numeru du kar'tãw de 'krɛdʒitu]
geldautomaat (de)	caixa (m) eletrônico	['kaɪʃa ele'troniku]

cheque (de)	cheque (m)	['ʃɛki]
een cheque uitschrijven	passar um cheque	[pa'sar ũ 'ʃɛki]
chequeboekje (het)	talão (m) de cheques	[ta'lãw de 'ʃɛkis]

lening, krediet (de)	empréstimo (m)	[ẽ'prɛstʃimu]
een lening aanvragen	pedir um empréstimo	[pe'dʒir ũ ẽ'prɛstʃimu]
een lening nemen	obter empréstimo	[ob'ter ẽ'prɛstʃimu]
een lening verlenen	dar um empréstimo	[dar ũ ẽ'prɛstʃimu]
garantie (de)	garantia (f)	[garã'tʃia]

79. Telefoon. Telefoongesprek

telefoon (de)	telefone (m)	[tele'fɔni]
mobieltje (het)	celular (m)	[selu'lar]
antwoordapparaat (het)	secretária (f) eletrônica	[sekre'tarja ele'tronika]

| bellen (ww) | fazer uma chamada | [fa'zer 'uma ʃa'mada] |
| belletje (telefoontje) | chamada (f) | [ʃa'mada] |

een nummer draaien	discar um número	[dʒis'kar ũ 'numeru]
Hallo!	Alô!	[a'lo]
vragen (ww)	perguntar (vt)	[pergũ'tar]
antwoorden (ww)	responder (vt)	[hespõ'der]
horen (ww)	ouvir (vt)	[o'vir]
goed (bw)	bem	[bẽj]
slecht (bw)	mal	[maw]
storingen (mv.)	ruído (m)	['hwidu]

hoorn (de)	fone (m)	['fɔni]
opnemen (ww)	pegar o telefone	[pe'gar u tele'fɔni]
ophangen (ww)	desligar (vi)	[dʒizli'gar]

bezet (bn)	ocupado	[oku'padu]
overgaan (ww)	tocar (vi)	[to'kar]
telefoonboek (het)	lista (f) telefônica	['lista tele'fonika]
lokaal (bn)	local	[lo'kaw]
lokaal gesprek (het)	chamada (f) local	[ʃa'mada lo'kaw]
interlokaal (bn)	chamada (f) de longa distância	['de 'lõgu dʒis'tãsja]
interlokaal gesprek (het)	chamada (f) de longa distância	[ʃa'mada de 'lõgu dʒis'tãsja]
buitenlands (bn)	internacional	[ĩternasjo'naw]

74

80. Mobiele telefoon

mobieltje (het)	celular (m)	[selu'lar]
scherm (het)	tela (f)	['tɛla]
toets, knop (de)	botão (m)	[bo'tãw]
simkaart (de)	cartão SIM (m)	[kar'tãw sim]
batterij (de)	bateria (f)	[bate'ria]
leeg zijn (ww)	descarregar-se (vr)	[dʒiskahe'garsi]
acculader (de)	carregador (m)	[kahega'dor]
menu (het)	menu (m)	[me'nu]
instellingen (mv.)	configurações (f pl)	[kõfigura'sõjs]
melodie (beltoon)	melodia (f)	[melo'dʒia]
selecteren (ww)	escolher (vt)	[isko'ʎer]
rekenmachine (de)	calculadora (f)	[kawkula'dora]
voicemail (de)	correio (m) de voz	[ko'heju de vɔz]
wekker (de)	despertador (m)	[dʒisperta'dor]
contacten (mv.)	contatos (m pl)	[kõ'tatus]
SMS-bericht (het)	mensagem (f) de texto	[mẽ'saʒẽ de 'testu]
abonnee (de)	assinante (m)	[asi'nãtʃi]

81. Schrijfbehoeften

balpen (de)	caneta (f)	[ka'neta]
vulpen (de)	caneta (f) tinteiro	[ka'neta tʃi'tejru]
potlood (het)	lápis (m)	['lapis]
marker (de)	marcador (m) de texto	[marka'dor de 'testu]
viltstift (de)	caneta (f) hidrográfica	[ka'neta idro'grafika]
notitieboekje (het)	bloco (m) de notas	['blɔku de 'nɔtas]
agenda (boekje)	agenda (f)	[a'ʒẽda]
liniaal (de/het)	régua (f)	['hɛgwa]
rekenmachine (de)	calculadora (f)	[kawkula'dora]
gom (de)	borracha (f)	[bo'haʃa]
punaise (de)	alfinete (m)	[awfi'netʃi]
paperclip (de)	clipe (m)	['klipi]
lijm (de)	cola (f)	['kɔla]
nietmachine (de)	grampeador (m)	[grãpja'dor]
perforator (de)	furador (m) de papel	[fura'dor de pa'pɛw]
potloodslijper (de)	apontador (m)	[apõta'dor]

82. Soorten bedrijven

boekhouddiensten (mv.)	serviços (m pl) de contabilidade	[ser'visus de kõtabili'dadʒi]

reclame (de)	publicidade (f)	[publisi'dadʒi]
reclamebureau (het)	agência (f) de publicidade	[a'ʒẽsja de publisi'dadʒi]
airconditioning (de)	ar (m) condicionado	[ar kõdʒisjo'nadu]
luchtvaartmaatschappij (de)	companhia (f) aérea	[kõpa'ɲia a'erja]
alcoholische dranken (mv.)	bebidas (f pl) alcoólicas	[be'bidas aw'kɔlikas]
antiek (het)	comércio (m) de antiguidades	[ko'mɛrsju de ãtʃigwi'dadʒi]
kunstgalerie (de)	galeria (f) de arte	[gale'ria de 'artʃi]
audit diensten (mv.)	serviços (m pl) de auditoria	[ser'visus de awdʒito'ria]
banken (mv.)	negócios (m pl) bancários	[ne'gɔsjus bã'karjus]
bar (de)	bar (m)	[bar]
schoonheidssalon (de/het)	salão (m) de beleza	[sa'lãw de be'leza]
boekhandel (de)	livraria (f)	[livra'ria]
bierbrouwerij (de)	cervejaria (f)	[serveʒa'ria]
zakencentrum (het)	centro (m) de escritórios	['sẽtru de iskri'tɔrjus]
business school (de)	escola (f) de negócios	[is'kɔla de ne'gɔsjus]
casino (het)	cassino (m)	[ka'sinu]
bouwbedrijven (mv.)	construção (f)	[kõstru'sãw]
adviesbureau (het)	consultoria (f)	[kõsuwto'ria]
tandheelkunde (de)	clínica (f) dentária	['klinika dẽ'tarja]
design (het)	design (m)	[dʒi'zãjn]
apotheek (de)	drogaria (f)	[droga'ria]
stomerij (de)	lavanderia (f)	[lavãde'ria]
uitzendbureau (het)	agência (f) de emprego	[a'ʒẽsja de ẽ'pregu]
financiële diensten (mv.)	serviços (m pl) financeiros	[ser'visus finã'sejrus]
voedingswaren (mv.)	alimentos (m pl)	[ali'mẽtus]
uitvaartcentrum (het)	casa (f) funerária	['kaza fune'raria]
meubilair (het)	mobiliário (m)	[mobi'ljarju]
kleding (de)	roupa (f)	['hopa]
hotel (het)	hotel (m)	[o'tɛw]
ijsje (het)	sorvete (m)	[sor'vetʃi]
industrie (de)	indústria (f)	[ĩ'dustrja]
verzekering (de)	seguro (m)	[se'guru]
Internet (het)	internet (f)	[ĩter'nɛtʃi]
investeringen (mv.)	investimento (m)	[ĩvestʃi'mẽtu]
juwelier (de)	joalheiro (m)	[ʒoa'ʎejru]
juwelen (mv.)	joias (f pl)	['ʒɔjas]
wasserette (de)	lavanderia (f)	[lavãde'ria]
juridische diensten (mv.)	assessorias (f pl) jurídicas	[aseso'rias ʒu'ridʒikas]
lichte industrie (de)	indústria (f) ligeira	[ĩ'dustrja li'ʒejra]
tijdschrift (het)	revista (f)	[he'vista]
postorderbedrijven (mv.)	vendas (f pl) por catálogo	['vẽdas por ka'talogu]
medicijnen (mv.)	medicina (f)	[medʒi'sina]
bioscoop (de)	cinema (m)	[si'nɛma]
museum (het)	museu (m)	[mu'zew]
persbureau (het)	agência (f) de notícias	[a'ʒẽsja de no'tʃisjas]
krant (de)	jornal (m)	[ʒor'naw]

nachtclub (de)	boate (f)	['bwatʃi]
olie (aardolie)	petróleo (m)	[pe'trɔlju]
koerierdienst (de)	serviços (m pl) de remessa	[ser'visus de he'mɛsa]
farmacie (de)	indústria (f) farmacêutica	[i'dustrja farma'sewtʃiku]
drukkerij (de)	tipografia (f)	[tʃipogra'fia]
uitgeverij (de)	editora (f)	[edʒi'tora]
radio (de)	rádio (m)	['hadʒju]
vastgoed (het)	imobiliário (m)	[imobi'ljarju]
restaurant (het)	restaurante (m)	[hestaw'rãtʃi]
bewakingsfirma (de)	empresa (f) de segurança	[ẽ'preza de segu'rãsa]
sport (de)	esporte (m)	[is'pɔrtʃi]
handelsbeurs (de)	bolsa (f) de valores	['bowsa de va'lores]
winkel (de)	loja (f)	['lɔʒa]
supermarkt (de)	supermercado (m)	[supermer'kadu]
zwembad (het)	piscina (f)	[pi'sina]
naaiatelier (het)	alfaiataria (f)	[awfajata'ria]
televisie (de)	televisão (f)	[televi'zãw]
theater (het)	teatro (m)	['tʃjatru]
handel (de)	comércio (m)	[ko'mɛrsju]
transport (het)	serviços (m pl) de transporte	[ser'visus de trãs'pɔrtʃi]
toerisme (het)	viagens (f pl)	['vjaʒẽs]
dierenarts (de)	veterinário (m)	[veteri'narju]
magazijn (het)	armazém (m)	[arma'zẽj]
afvalinzameling (de)	recolha (f) do lixo	[he'koʎa du 'liʃu]

Baan. Business. Deel 2

83. Show. Tentoonstelling

beurs (de)	feira, exposição (f)	['fejra], [ispozi'sãw]
vakbeurs, handelsbeurs (de)	feira (f) comercial	['fejra komer'sjaw]
deelneming (de)	participação (f)	[partʃisipa'sãw]
deelnemen (ww)	participar (vi)	[partʃisi'par]
deelnemer (de)	participante (m)	[partʃisi'pãtʃi]
directeur (de)	diretor (m)	[dʒire'tor]
organisatiecomité (het)	direção (f)	[dʒire'sãw]
organisator (de)	organizador (m)	[organiza'dor]
organiseren (ww)	organizar (vt)	[organi'zar]
deelnemingsaanvraag (de)	ficha (f) de inscrição	['fiʃa de ĩskri'sãw]
invullen (een formulier ~)	preencher (vt)	[preẽ'ʃer]
details (mv.)	detalhes (m pl)	[de'taʎis]
informatie (de)	informação (f)	[ĩforma'sãw]
prijs (de)	preço (m)	['presu]
inclusief (bijv. ~ BTW)	incluindo	[ĩklwĩdu]
inbegrepen (alles ~)	incluir (vt)	[ĩ'klwir]
betalen (ww)	pagar (vt)	[pa'gar]
registratietarief (het)	taxa (f) de inscrição	['taʃa de ĩskri'sãw]
ingang (de)	entrada (f)	[ẽ'trada]
paviljoen (het), hal (de)	pavilhão (m), salão (f)	[pavi'ʎãw], [sa'lãw]
registreren (ww)	inscrever (vt)	[ĩskre'ver]
badge, kaart (de)	crachá (m)	[kra'ʃa]
beursstand (de)	stand (m)	[stɛnd]
reserveren (een stand ~)	reservar (vt)	[hezer'var]
vitrine (de)	vitrine (f)	[vi'trini]
licht (het)	lâmpada (f)	['lãpada]
design (het)	design (m)	[dʒi'zãjn]
plaatsen (ww)	pôr, colocar (vt)	[por], [kolo'kar]
distributeur (de)	distribuidor (m)	[dʒistribwi'dor]
leverancier (de)	fornecedor (m)	[fornese'dor]
leveren (ww)	fornecer (vt)	[forne'ser]
land (het)	país (m)	[pa'jis]
buitenlands (bn)	estrangeiro	[istrã'ʒejru]
product (het)	produto (m)	[pru'dutu]
associatie (de)	associação (f)	[asosja'sãw]
conferentiezaal (de)	sala (f) de conferência	['sala de kõfe'rẽsja]

congres (het)	congresso (m)	[kõ'grɛsu]
wedstrijd (de)	concurso (m)	[kõ'kursu]
bezoeker (de)	visitante (m)	[vizi'tãtʃi]
bezoeken (ww)	visitar (vt)	[vizi'tar]
afnemer (de)	cliente (m)	['kljẽtʃi]

84. Wetenschap. Onderzoek. Wetenschappers

wetenschap (de)	ciência (f)	['sjẽsja]
wetenschappelijk (bn)	científico	[sjẽ'tʃifiku]
wetenschapper (de)	cientista (m)	[sjẽ'tʃista]
theorie (de)	teoria (f)	[teo'ria]
axioma (het)	axioma (m)	[a'sjɔma]
analyse (de)	análise (f)	[a'nalizi]
analyseren (ww)	analisar (vt)	[anali'zar]
argument (het)	argumento (m)	[argu'mẽtu]
substantie (de)	substância (f)	[sub'stãsja]
hypothese (de)	hipótese (f)	[i'pɔtezi]
dilemma (het)	dilema (m)	[dʒi'lɛma]
dissertatie (de)	tese (f)	['tɛzi]
dogma (het)	dogma (m)	['dɔgma]
doctrine (de)	doutrina (f)	[do'trina]
onderzoek (het)	pesquisa (f)	[pes'kiza]
onderzoeken (ww)	pesquisar (vt)	[peski'zar]
toetsing (de)	testes (m pl)	['tɛstʃis]
laboratorium (het)	laboratório (m)	[labora'tɔrju]
methode (de)	método (m)	['mɛtodu]
molecule (de/het)	molécula (f)	[mo'lɛkula]
monitoring (de)	monitoramento (m)	[monitora'mẽtu]
ontdekking (de)	descoberta (f)	[dʒisko'bɛrta]
postulaat (het)	postulado (m)	[postu'ladu]
principe (het)	princípio (m)	[prĩ'sipju]
voorspelling (de)	prognóstico (m)	[prog'nɔstʃiku]
een prognose maken	prognosticar (vt)	[prognostʃi'kar]
synthese (de)	síntese (f)	['sĩtezi]
tendentie (de)	tendência (f)	[tẽ'dẽsja]
theorema (het)	teorema (m)	[teo'rɛma]
leerstellingen (mv.)	ensinamentos (m pl)	[ẽsina'mẽtus]
feit (het)	fato (m)	['fatu]
expeditie (de)	expedição (f)	[ispedʒi'sãw]
experiment (het)	experiência (f)	[ispe'rjẽsja]
academicus (de)	acadêmico (m)	[aka'demiku]
bachelor (bijv. BA, LLB)	bacharel (m)	[baʃa'rɛw]
doctor (de)	doutor (m)	[do'tor]
universitair docent (de)	professor (m) associado	[profe'sor aso'sjadu]

| master, magister (de) | **mestrado** (m) | [mes'trado] |
| professor (de) | **professor** (m) | [profe'sor] |

Beroepen en ambachten

85. Zoeken naar werk. Ontslag

baan (de)	trabalho (m)	[tra'baʎu]
werknemers (mv.)	equipe (f)	[e'kipi]
personeel (het)	pessoal (m)	[pe'swaw]

carrière (de)	carreira (f)	[ka'hejra]
vooruitzichten (mv.)	perspectivas (f pl)	[perspek'tʃivas]
meesterschap (het)	habilidades (f pl)	[abili'dadʒis]

keuze (de)	seleção (f)	[sele'sãw]
uitzendbureau (het)	agência (f) de emprego	[a'ʒẽsja de ẽ'pregu]
CV, curriculum vitae (het)	currículo (m)	[ku'hikulu]
sollicitatiegesprek (het)	entrevista (f) de emprego	[ẽtre'vista de ẽ'pregu]
vacature (de)	vaga (f)	['vaga]

salaris (het)	salário (m)	[sa'larju]
vaste salaris (het)	salário (m) fixo	[sa'larju 'fiksu]
loon (het)	pagamento (m)	[paga'mẽtu]

betrekking (de)	cargo (m)	['kargu]
taak, plicht (de)	dever (m)	[de'ver]
takenpakket (het)	gama (f) de deveres	['gama de de'veris]
bezig (~ zijn)	ocupado	[oku'padu]

ontslagen (ww)	despedir, demitir (vt)	[dʒispe'dʒir], [demi'tʃir]
ontslag (het)	demissão (f)	[demi'sãw]

werkloosheid (de)	desemprego (m)	[dʒizẽ'pregu]
werkloze (de)	desempregado (m)	[dʒizẽpre'gadu]
pensioen (het)	aposentadoria (f)	[apozẽtado'ria]
met pensioen gaan	aposentar-se (vr)	[apozẽ'tarsi]

86. Zakenmensen

directeur (de)	diretor (m)	[dʒire'tor]
beheerder (de)	gerente (m)	[ʒe'rẽtʃi]
hoofd (het)	patrão, chefe (m)	[pa'trãw], ['ʃɛfi]

baas (de)	superior (m)	[supe'rjor]
superieuren (mv.)	superiores (m pl)	[supe'rjores]
president (de)	presidente (m)	[prezi'dẽtʃi]
voorzitter (de)	chairman, presidente (m)	['tʃɛamen], [prezi'dẽtʃi]

adjunct (de)	substituto (m)	[substi'tutu]
assistent (de)	assistente (m)	[asis'tẽtʃi]

secretaris (de)	secretário (m)	[sekre'tarju]
persoonlijke assistent (de)	secretário (m) pessoal	[sekre'tarju pe'swaw]
zakenman (de)	homem (m) de negócios	['ɔmẽ de ne'gɔsjus]
ondernemer (de)	empreendedor (m)	[ẽprjẽde'dor]
oprichter (de)	fundador (m)	[fũda'dor]
oprichten	fundar (vt)	[fũ'dar]
(een nieuw bedrijf ~)		
stichter (de)	principiador (m)	[prĩsipja'dor]
partner (de)	parceiro, sócio (m)	[par'sejru], ['sɔsju]
aandeelhouder (de)	acionista (m)	[asjo'nista]
miljonair (de)	milionário (m)	[miljo'narju]
miljardair (de)	bilionário (m)	[biljo'narju]
eigenaar (de)	proprietário (m)	[proprje'tarju]
landeigenaar (de)	proprietário (m) de terras	[proprje'tarju de 'tɛhas]
klant (de)	cliente (m)	['kljẽtʃi]
vaste klant (de)	cliente (m) habitual	['kljẽtʃi abi'twaw]
koper (de)	comprador (m)	[kõpra'dor]
bezoeker (de)	visitante (m)	[vizi'tãtʃi]
professioneel (de)	profissional (m)	[profisjo'naw]
expert (de)	perito (m)	[pe'ritu]
specialist (de)	especialista (m)	[ispesja'lista]
bankier (de)	banqueiro (m)	[bã'kejru]
makelaar (de)	corretor (m)	[kohe'tor]
kassier (de)	caixa (m, f)	['kaɪʃa]
boekhouder (de)	contador (m)	[kõta'dor]
bewaker (de)	guarda (m)	['gwarda]
investeerder (de)	investidor (m)	[ĩvestʃi'dor]
schuldenaar (de)	devedor (m)	[deve'dor]
crediteur (de)	credor (m)	[kre'dor]
lener (de)	mutuário (m)	[mu'twarju]
importeur (de)	importador (m)	[ĩporta'dor]
exporteur (de)	exportador (m)	[isporta'dor]
producent (de)	produtor (m)	[produ'tor]
distributeur (de)	distribuidor (m)	[dʒistribwi'dor]
bemiddelaar (de)	intermediário (m)	[ĩterme'dʒjarju]
adviseur, consulent (de)	consultor (m)	[kõsuw'tor]
vertegenwoordiger (de)	representante (m) comercial	[heprezẽ'tãtʃi komer'sjaw]
agent (de)	agente (m)	[a'ʒẽtʃi]
verzekeringsagent (de)	agente (m) de seguros	[a'ʒẽtʃi de se'gurus]

87. Dienstverlenende beroepen

kok (de)	cozinheiro (m)	[kozi'ɲejru]
chef-kok (de)	chefe (m) de cozinha	['ʃɛfi de ko'ziɲa]

bakker (de)	padeiro (m)	[pa'dejru]
barman (de)	barman (m)	[bar'mã]
kelner, ober (de)	garçom (m)	[gar'sõ]
serveerster (de)	garçonete (f)	[garso'netʃi]
advocaat (de)	advogado (m)	[adʒivo'gadu]
jurist (de)	jurista (m)	[ʒu'rista]
notaris (de)	notário (m)	[no'tarju]
elektricien (de)	eletricista (m)	[eletri'sista]
loodgieter (de)	encanador (m)	[ẽkana'dor]
timmerman (de)	carpinteiro (m)	[karpĩ'tejru]
masseur (de)	massagista (m)	[masa'ʒista]
masseuse (de)	massagista (f)	[masa'ʒista]
dokter, arts (de)	médico (m)	['mɛdʒiku]
taxichauffeur (de)	taxista (m)	[tak'sista]
chauffeur (de)	condutor, motorista (m)	[kõdu'tor], [moto'rista]
koerier (de)	entregador (m)	[ẽtrega'dor]
kamermeisje (het)	camareira (f)	[kama'rejra]
bewaker (de)	guarda (m)	['gwarda]
stewardess (de)	aeromoça (f)	[aero'mosa]
meester (de)	professor (m)	[profe'sor]
bibliothecaris (de)	bibliotecário (m)	[bibljote'karju]
vertaler (de)	tradutor (m)	[tradu'tor]
tolk (de)	intérprete (m)	[ĩ'tɛrpretʃi]
gids (de)	guia (m)	['gia]
kapper (de)	cabeleireiro (m)	[kabelej'rejru]
postbode (de)	carteiro (m)	[kar'tejru]
verkoper (de)	vendedor (m)	[vẽde'dor]
tuinman (de)	jardineiro (m)	[ʒardʒi'nejru]
huisbediende (de)	criado (m)	['krjadu]
dienstmeisje (het)	criada (f)	['krjada]
schoonmaakster (de)	empregada (f) de limpeza	[ẽpre'gada de lĩ'peza]

88. Militaire beroepen en rangen

soldaat (rang)	soldado (m) raso	[sow'dadu 'hazu]
sergeant (de)	sargento (m)	[sar'ʒẽtu]
luitenant (de)	tenente (m)	[te'nẽtʃi]
kapitein (de)	capitão (m)	[kapi'tãw]
majoor (de)	major (m)	[ma'ʒɔr]
kolonel (de)	coronel (m)	[koro'nɛw]
generaal (de)	general (m)	[ʒene'raw]
maarschalk (de)	marechal (m)	[mare'ʃaw]
admiraal (de)	almirante (m)	[awmi'rãtʃi]
militair (de)	militar (m)	[mili'tar]
soldaat (de)	soldado (m)	[sow'dadu]

officier (de)	oficial (m)	[ofi'sjaw]
commandant (de)	comandante (m)	[komã'dãtʃi]
grenswachter (de)	guarda (m) de fronteira	['gwarda de frõ'tejra]
marconist (de)	operador (m) de rádio	[opera'dor de 'hadʒju]
verkenner (de)	explorador (m)	[isplora'dor]
sappeur (de)	sapador-mineiro (m)	[sapa'dor-mi'nejru]
schutter (de)	atirador (m)	[atʃira'dor]
stuurman (de)	navegador (m)	[navega'dor]

89. Ambtenaren. Priesters

koning (de)	rei (m)	[hej]
koningin (de)	rainha (f)	[ha'iɲa]
prins (de)	príncipe (m)	['prĩsipi]
prinses (de)	princesa (f)	[prĩ'seza]
tsaar (de)	czar (m)	['kzar]
tsarina (de)	czarina (f)	[kza'rina]
president (de)	presidente (m)	[prezi'dẽtʃi]
minister (de)	ministro (m)	[mi'nistru]
eerste minister (de)	primeiro-ministro (m)	[pri'mejru mi'nistru]
senator (de)	senador (m)	[sena'dor]
diplomaat (de)	diplomata (m)	[dʒiplo'mata]
consul (de)	cônsul (m)	['kõsuw]
ambassadeur (de)	embaixador (m)	[ẽbajʃa'dor]
adviseur (de)	conselheiro (m)	[kõse'ʎejru]
ambtenaar (de)	funcionário (m)	[fũsjo'narju]
prefect (de)	prefeito (m)	[pre'fejtu]
burgemeester (de)	Presidente (m) da Câmara	[prezi'dẽtʃi da 'kamara]
rechter (de)	juiz (m)	[ʒwiz]
aanklager (de)	procurador (m)	[prokura'dor]
missionaris (de)	missionário (m)	[misjo'narju]
monnik (de)	monge (m)	['mõʒi]
abt (de)	abade (m)	[a'badʒi]
rabbi, rabbijn (de)	rabino (m)	[ha'binu]
vizier (de)	vizir (m)	[vi'zir]
sjah (de)	xá (m)	[ʃa]
sjeik (de)	xeique (m)	['ʃɛjki]

90. Agrarische beroepen

imker (de)	abelheiro (m)	[abi'ʎejru]
herder (de)	pastor (m)	[pas'tor]
landbouwkundige (de)	agrônomo (m)	[a'gronomu]

veehouder (de)	criador (m) de gado	[krja'dor de 'gadu]
dierenarts (de)	veterinário (m)	[veteri'narju]
landbouwer (de)	agricultor, fazendeiro (m)	[agrikuw'tor], [fazẽ'dejru]
wijnmaker (de)	vinicultor (m)	[vinikuw'tor]
zoöloog (de)	zoólogo (m)	[zo'ɔlogu]
cowboy (de)	vaqueiro (m)	[va'kejru]

91. Kunst beroepen

acteur (de)	ator (m)	[a'tor]
actrice (de)	atriz (f)	[a'triz]
zanger (de)	cantor (m)	[kã'tor]
zangeres (de)	cantora (f)	[kã'tora]
danser (de)	bailarino (m)	[bajla'rinu]
danseres (de)	bailarina (f)	[bajla'rina]
artiest (mann.)	artista (m)	[ar'tʃista]
artiest (vrouw.)	artista (f)	[ar'tʃista]
muzikant (de)	músico (m)	['muziku]
pianist (de)	pianista (m)	[pja'nista]
gitarist (de)	guitarrista (m)	[gita'hista]
orkestdirigent (de)	maestro (m)	[ma'ɛstru]
componist (de)	compositor (m)	[kõpozi'tor]
impresario (de)	empresário (m)	[ẽpre'zarju]
filmregisseur (de)	diretor (m) de cinema	[dʒire'tor de si'nɛma]
filmproducent (de)	produtor (m)	[produ'tor]
scenarioschrijver (de)	roteirista (m)	[hotej'rista]
criticus (de)	crítico (m)	['kritʃiku]
schrijver (de)	escritor (m)	[iskri'tor]
dichter (de)	poeta (m)	['pwɛta]
beeldhouwer (de)	escultor (m)	[iskuw'tor]
kunstenaar (de)	pintor (m)	[pĩ'tor]
jongleur (de)	malabarista (m)	[malaba'rista]
clown (de)	palhaço (m)	[pa'ʎasu]
acrobaat (de)	acrobata (m)	[akro'bata]
goochelaar (de)	ilusionista (m)	[iluzjo'nista]

92. Verschillende beroepen

dokter, arts (de)	médico (m)	['mɛdʒiku]
ziekenzuster (de)	enfermeira (f)	[ẽfer'mejra]
psychiater (de)	psiquiatra (m)	[psi'kjatra]
tandarts (de)	dentista (m)	[dẽ'tʃista]
chirurg (de)	cirurgião (m)	[sirur'ʒjãw]

astronaut (de)	astronauta (m)	[astro'nawta]
astronoom (de)	astrônomo (m)	[as'tronomu]
piloot (de)	piloto (m)	[pi'lotu]
chauffeur (de)	motorista (m)	[moto'rista]
machinist (de)	maquinista (m)	[maki'nista]
mecanicien (de)	mecânico (m)	[me'kaniku]
mijnwerker (de)	mineiro (m)	[mi'nejru]
arbeider (de)	operário (m)	[ope'rarju]
bankwerker (de)	serralheiro (m)	[seha'ʎejru]
houtbewerker (de)	marceneiro (m)	[marse'nejru]
draaier (de)	torneiro (m)	[tor'nejru]
bouwvakker (de)	construtor (m)	[kõstru'tor]
lasser (de)	soldador (m)	[sɔwda'dor]
professor (de)	professor (m)	[profe'sor]
architect (de)	arquiteto (m)	[arki'tɛtu]
historicus (de)	historiador (m)	[istorja'dor]
wetenschapper (de)	cientista (m)	[sjē'tʃista]
fysicus (de)	físico (m)	['fiziku]
scheikundige (de)	químico (m)	['kimiku]
archeoloog (de)	arqueólogo (m)	[ar'kjɔlogu]
geoloog (de)	geólogo (m)	[ʒe'ɔlogu]
onderzoeker (de)	pesquisador (m)	[peskiza'dor]
babysitter (de)	babysitter, babá (f)	[bebi'sitter], [ba'ba]
leraar, pedagoog (de)	professor (m)	[profe'sor]
redacteur (de)	redator (m)	[heda'tor]
chef-redacteur (de)	redator-chefe (m)	[heda'tor 'ʃɛfi]
correspondent (de)	correspondente (m)	[kohespõ'dētʃi]
typiste (de)	datilógrafa (f)	[datʃi'lɔgrafa]
designer (de)	designer (m)	[dʒi'zajner]
computerexpert (de)	perito (m) em informática	[pe'ritu ē ĩfur'matika]
programmeur (de)	programador (m)	[programa'dor]
ingenieur (de)	engenheiro (m)	[ēʒe'ɲejru]
matroos (de)	marujo (m)	[ma'ruʒu]
zeeman (de)	marinheiro (m)	[mari'ɲejru]
redder (de)	socorrista (m)	[soko'hista]
brandweerman (de)	bombeiro (m)	[bõ'bejru]
politieagent (de)	polícia (m)	[po'lisja]
nachtwaker (de)	guarda-noturno (m)	['gwarda no'turnu]
detective (de)	detetive (m)	[dete'tʃivi]
douanier (de)	funcionário (m) da alfândega	[fũsjo'narju da aw'fãdʒiga]
lijfwacht (de)	guarda-costas (m)	['gwarda 'kɔstas]
gevangenisbewaker (de)	guarda (m) prisional	['gwarda prizjo'naw]
inspecteur (de)	inspetor (m)	[ĩspe'tor]
sportman (de)	esportista (m)	[ispor'tʃista]
trainer (de)	treinador (m)	[trejna'dor]

slager, beenhouwer (de)	açougueiro (m)	[aso'gejru]
schoenlapper (de)	sapateiro (m)	[sapa'tejru]
handelaar (de)	comerciante (m)	[komer'sjãtʃi]
lader (de)	carregador (m)	[kahega'dor]
kledingstilist (de)	estilista (m)	[istʃi'lista]
model (het)	modelo (f)	[mo'delu]

93. Beroepen. Sociale status

scholier (de)	estudante (m)	[istu'dãtʃi]
student (de)	estudante (m)	[istu'dãtʃi]
filosoof (de)	filósofo (m)	[fi'lɔzofu]
econoom (de)	economista (m)	[ekono'mista]
uitvinder (de)	inventor (m)	[ĩvẽ'tor]
werkloze (de)	desempregado (m)	[dʒizẽpre'gadu]
gepensioneerde (de)	aposentado (m)	[apozẽ'tadu]
spion (de)	espião (m)	[is'pjãw]
gedetineerde (de)	preso, prisioneiro (m)	['prezu], [prizjo'nejru]
staker (de)	grevista (m)	[gre'vista]
bureaucraat (de)	burocrata (m)	[buro'krata]
reiziger (de)	viajante (m)	[vja'ʒãtʃi]
homoseksueel (de)	homossexual (m)	[omosek'swaw]
hacker (computerkraker)	hacker (m)	['haker]
hippie (de)	hippie (m, f)	['hɪpɪ]
bandiet (de)	bandido (m)	[bã'dʒidu]
huurmoordenaar (de)	assassino (m)	[asa'sinu]
drugsverslaafde (de)	drogado (m)	[dro'gadu]
drugshandelaar (de)	traficante (m)	[trafi'kãtʃi]
prostituee (de)	prostituta (f)	[prostʃi'tuta]
pooier (de)	cafetão (m)	[kafe'tãw]
tovenaar (de)	bruxo (m)	['bruʃu]
tovenares (de)	bruxa (f)	['bruʃa]
piraat (de)	pirata (m)	[pi'rata]
slaaf (de)	escravo (m)	[is'kravu]
samoerai (de)	samurai (m)	[samu'raj]
wilde (de)	selvagem (m)	[sew'vaʒẽ]

Onderwijs

94. School

school (de)	escola (f)	[isˈkɔla]
schooldirecteur (de)	diretor (m) de escola	[dʒireˈtor de isˈkɔla]
leerling (de)	aluno (m)	[aˈlunu]
leerlinge (de)	aluna (f)	[aˈluna]
scholier (de)	estudante (m)	[istuˈdãtʃi]
scholiere (de)	estudante (f)	[istuˈdãtʃi]
leren (lesgeven)	ensinar (vt)	[ẽsiˈnar]
studeren (bijv. een taal ~)	aprender (vt)	[aprẽˈder]
van buiten leren	decorar (vt)	[dekoˈrar]
leren (bijv. ~ tellen)	estudar (vi)	[istuˈdar]
in school zijn (schooljongen zijn)	estar na escola	[isˈtar na isˈkɔla]
naar school gaan	ir à escola	[ir a isˈkɔla]
alfabet (het)	alfabeto (m)	[awfaˈbɛtu]
vak (schoolvak)	disciplina (f)	[dʒisiˈplina]
klaslokaal (het)	sala (f) de aula	[ˈsala de ˈawla]
les (de)	lição, aula (f)	[liˈsãw], [ˈawla]
pauze (de)	recreio (m)	[heˈkreju]
bel (de)	toque (m)	[ˈtɔki]
schooltafel (de)	classe (f)	[ˈklasi]
schoolbord (het)	quadro (m) negro	[ˈkwadru ˈnegru]
cijfer (het)	nota (f)	[ˈnɔta]
goed cijfer (het)	boa nota (f)	[ˈboa ˈnɔta]
slecht cijfer (het)	nota (f) baixa	[ˈnɔta ˈbaɪʃa]
een cijfer geven	dar uma nota	[dar ˈuma ˈnɔta]
fout (de)	erro (m)	[ˈehu]
fouten maken	errar (vi)	[eˈhar]
corrigeren (fouten ~)	corrigir (vt)	[kohiˈʒir]
spiekbriefje (het)	cola (f)	[ˈkɔla]
huiswerk (het)	dever (m) de casa	[deˈver de ˈkaza]
oefening (de)	exercício (m)	[ezerˈsisju]
aanwezig zijn (ww)	estar presente	[isˈtar preˈzẽtʃi]
absent zijn (ww)	estar ausente	[isˈtar awˈzẽtʃi]
school verzuimen	faltar às aulas	[fawˈtar as ˈawlas]
bestraffen (een stout kind ~)	punir (vt)	[puˈnir]
bestraffing (de)	punição (f)	[puniˈsãw]

gedrag (het)	comportamento (m)	[kõporta'mẽtu]
cijferlijst (de)	boletim (m) escolar	[bole'tʃĩ isko'lar]
potlood (het)	lápis (m)	['lapis]
gom (de)	borracha (f)	[bo'haʃa]
krijt (het)	giz (m)	[ʒiz]
pennendoos (de)	porta-lápis (m)	['pɔrta-'lapis]

boekentas (de)	mala, pasta, mochila (f)	['mala], ['pasta], [mo'ʃila]
pen (de)	caneta (f)	[ka'neta]
schrift (de)	caderno (m)	[ka'dɛrnu]
leerboek (het)	livro (m) didático	['livru dʒi'datʃiku]
passer (de)	compasso (m)	[kõ'pasu]

technisch tekenen (ww)	traçar (vt)	[tra'sar]
technische tekening (de)	desenho (m) técnico	[de'zɛɲu 'tɛkniku]

gedicht (het)	poesia (f)	[poe'zia]
van buiten (bw)	de cor	[de kɔr]
van buiten leren	decorar (vt)	[deko'rar]

vakantie (de)	férias (f pl)	['fɛrjas]
met vakantie zijn	estar de férias	[is'tar de 'fɛrjas]
vakantie doorbrengen	passar as férias	[pa'sar as 'fɛrjas]

toets (schriftelijke ~)	teste (m), prova (f)	['tɛstʃi], ['prɔva]
opstel (het)	redação (f)	[heda'sãw]
dictee (het)	ditado (m)	[dʒi'tadu]
examen (het)	exame (m), prova (f)	[e'zami], ['prɔva]
examen afleggen	fazer prova	[fa'zer 'prɔva]
experiment (het)	experiência (f)	[ispe'rjẽsja]

95. Hogeschool. Universiteit

academie (de)	academia (f)	[akade'mia]
universiteit (de)	universidade (f)	[universi'dadʒi]
faculteit (de)	faculdade (f)	[fakuw'dadʒi]

student (de)	estudante (m)	[istu'dãtʃi]
studente (de)	estudante (f)	[istu'dãtʃi]
leraar (de)	professor (m)	[profe'sor]

collegezaal (de)	auditório (m)	[awdʒi'tɔrju]
afgestudeerde (de)	graduado (m)	[gra'dwadu]

diploma (het)	diploma (m)	[dʒip'lɔma]
dissertatie (de)	tese (f)	['tɛzi]

onderzoek (het)	estudo (m)	[is'tudu]
laboratorium (het)	laboratório (m)	[labora'tɔrju]

college (het)	palestra (f)	[pa'lɛstra]
medestudent (de)	colega (m) de curso	[ko'lɛga de 'kursu]
studiebeurs (de)	bolsa (f) de estudos	['bowsa de is'tudus]
academische graad (de)	grau (m) acadêmico	['graw aka'demiku]

96. Wetenschappen. Disciplines

wiskunde (de)	matemática (f)	[mate'matʃika]
algebra (de)	álgebra (f)	['awʒebra]
meetkunde (de)	geometria (f)	[ʒeome'tria]

astronomie (de)	astronomia (f)	[astrono'mia]
biologie (de)	biologia (f)	[bjolo'ʒia]
geografie (de)	geografia (f)	[ʒeogra'fia]
geologie (de)	geologia (f)	[ʒeolo'ʒia]
geschiedenis (de)	história (f)	[is'tɔrja]

geneeskunde (de)	medicina (f)	[medʒi'sina]
pedagogiek (de)	pedagogia (f)	[pedago'ʒia]
rechten (mv.)	direito (m)	[dʒi'rejtu]

fysica, natuurkunde (de)	física (f)	['fizika]
scheikunde (de)	química (f)	['kimika]
filosofie (de)	filosofia (f)	[filozo'fia]
psychologie (de)	psicologia (f)	[psikolo'ʒia]

97. Schrift. Spelling

grammatica (de)	gramática (f)	[gra'matʃika]
vocabulaire (het)	vocabulário (m)	[vokabu'larju]
fonetiek (de)	fonética (f)	[fo'nɛtʃika]

zelfstandig naamwoord (het)	substantivo (m)	[substã'tʃivu]
bijvoeglijk naamwoord (het)	adjetivo (m)	[adʒe'tʃivu]
werkwoord (het)	verbo (m)	['vɛrbu]
bijwoord (het)	advérbio (m)	[adʒi'vɛrbju]

voornaamwoord (het)	pronome (m)	[pro'nɔmi]
tussenwerpsel (het)	interjeição (f)	[ĩterʒej'sãw]
voorzetsel (het)	preposição (f)	[prepozi'sãw]

stam (de)	raiz (f)	[ha'iz]
achtervoegsel (het)	terminação (f)	[termina'sãw]
voorvoegsel (het)	prefixo (m)	[pre'fiksu]
lettergreep (de)	sílaba (f)	['silaba]
achtervoegsel (het)	sufixo (m)	[su'fiksu]

nadruk (de)	acento (m)	[a'sẽtu]
afkappingsteken (het)	apóstrofo (m)	[a'pɔstrofu]

punt (de)	ponto (m)	['põtu]
komma (de/het)	vírgula (f)	['virgula]
puntkomma (de)	ponto e vírgula (m)	['põtu e 'virgula]
dubbelpunt (de)	dois pontos (m pl)	['dojs 'põtus]
beletselteken (het)	reticências (f pl)	[hetʃi'sẽsjas]

vraagteken (het)	ponto (m) de interrogação	['põtu de ĩtehoga'sãw]
uitroepteken (het)	ponto (m) de exclamação	['põtu de isklama'sãw]

Nederlands	Portugees	Uitspraak
aanhalingstekens (mv.)	aspas (f pl)	['aspas]
tussen aanhalingstekens (bw)	entre aspas	[ẽtri 'aspas]
haakjes (mv.)	parênteses (m pl)	[pa'rẽtezis]
tussen haakjes (bw)	entre parênteses	[ẽtri pa'rẽtezis]
streepje (het)	hífen (m)	['ifẽ]
gedachtestreepje (het)	travessão (m)	[trave'sãw]
spatie (~ tussen twee woorden)	espaço (m)	[is'pasu]
letter (de)	letra (f)	['letra]
hoofdletter (de)	letra (f) maiúscula	['letra ma'juskula]
klinker (de)	vogal (f)	[vo'gaw]
medeklinker (de)	consoante (f)	[kõso'ãtʃi]
zin (de)	frase (f)	['frazi]
onderwerp (het)	sujeito (m)	[su'ʒejtu]
gezegde (het)	predicado (m)	[predʒi'kadu]
regel (in een tekst)	linha (f)	['liɲa]
op een nieuwe regel (bw)	em uma nova linha	[ẽ 'uma 'nɔva 'liɲa]
alinea (de)	parágrafo (m)	[pa'ragrafu]
woord (het)	palavra (f)	[pa'lavra]
woordgroep (de)	grupo (m) de palavras	['grupu de pa'lavras]
uitdrukking (de)	expressão (f)	[ispre'sãw]
synoniem (het)	sinônimo (m)	[si'nonimu]
antoniem (het)	antônimo (m)	[ã'tonimu]
regel (de)	regra (f)	['hɛgra]
uitzondering (de)	exceção (f)	[ese'sãw]
correct (bijv. ~e spelling)	correto	[ko'hɛtu]
vervoeging, conjugatie (de)	conjugação (f)	[kõʒuga'sãw]
verbuiging, declinatie (de)	declinação (f)	[deklina'sãw]
naamval (de)	caso (m)	['kazu]
vraag (de)	pergunta (f)	[per'gũta]
onderstrepen (ww)	sublinhar (vt)	[subli'ɲar]
stippellijn (de)	linha (f) pontilhada	['liɲa põtʃi'ʎada]

98. Vreemde talen

Nederlands	Portugees	Uitspraak
taal (de)	língua (f)	['lĩgwa]
vreemd (bn)	estrangeiro	[istrã'ʒejru]
vreemde taal (de)	língua (f) estrangeira	['lĩgwa istrã'ʒejra]
leren (bijv. van buiten ~)	estudar (vt)	[istu'dar]
studeren (Nederlands ~)	aprender (vt)	[aprẽ'der]
lezen (ww)	ler (vt)	[ler]
spreken (ww)	falar (vi)	[fa'lar]
begrijpen (ww)	entender (vt)	[ẽtẽ'der]
schrijven (ww)	escrever (vt)	[iskre'ver]
snel (bw)	rapidamente	[hapida'mẽtʃi]

langzaam (bw)	lentamente	[lẽta'mẽtʃi]
vloeiend (bw)	fluentemente	[fluẽte'mẽtʃi]

regels (mv.)	regras (f pl)	['hɛgras]
grammatica (de)	gramática (f)	[gra'matʃika]
vocabulaire (het)	vocabulário (m)	[vokabu'larju]
fonetiek (de)	fonética (f)	[fo'nɛtʃika]

leerboek (het)	livro (m) didático	['livru dʒi'datʃiku]
woordenboek (het)	dicionário (m)	[dʒisjo'narju]
leerboek (het) voor zelfstudie	manual (m) autodidático	[ma'nwaw awtɔdʒi'datʃiku]
taalgids (de)	guia (m) de conversação	['gia de kõversa'sãw]

cassette (de)	fita (f) cassete	['fita ka'sɛtʃi]
videocassette (de)	videoteipe (m)	[vidʒju'tejpi]
CD (de)	CD, disco (m) compacto	['sede], ['dʒisku kõ'paktu]
DVD (de)	DVD (m)	[deve'de]

alfabet (het)	alfabeto (m)	[awfa'bɛtu]
spellen (ww)	soletrar (vt)	[sole'trar]
uitspraak (de)	pronúncia (f)	[pro'nũsja]

accent (het)	sotaque (m)	[so'taki]
met een accent (bw)	com sotaque	[kõ so'taki]
zonder accent (bw)	sem sotaque	[sẽ so'taki]

woord (het)	palavra (f)	[pa'lavra]
betekenis (de)	sentido (m)	[sẽ'tʃidu]

cursus (de)	curso (m)	['kursu]
zich inschrijven (ww)	inscrever-se (vr)	[ĩskre'verse]
leraar (de)	professor (m)	[profe'sor]

vertaling (een ~ maken)	tradução (f)	[tradu'sãw]
vertaling (tekst)	tradução (f)	[tradu'sãw]
vertaler (de)	tradutor (m)	[tradu'tor]
tolk (de)	intérprete (m)	[ĩ'tɛrpretʃi]

polyglot (de)	poliglota (m)	[pɔli'glɔta]
geheugen (het)	memória (f)	[me'mɔrja]

Rusten. Entertainment. Reizen

99. Trip. Reizen

toerisme (het)	turismo (m)	[tu'rizmu]
toerist (de)	turista (m)	[tu'rista]
reis (de)	viagem (f)	['vjaʒẽ]
avontuur (het)	aventura (f)	[avẽ'tura]
tocht (de)	viagem (f)	['vjaʒẽ]

vakantie (de)	férias (f pl)	['fɛrjas]
met vakantie zijn	estar de férias	[is'tar de 'fɛrjas]
rust (de)	descanso (m)	[dʒis'kãsu]

trein (de)	trem (m)	[trẽj]
met de trein	de trem	[de trẽj]
vliegtuig (het)	avião (m)	[a'vjãw]
met het vliegtuig	de avião	[de a'vjãw]
met de auto	de carro	[de 'kaho]
per schip (bw)	de navio	[de na'viu]

bagage (de)	bagagem (f)	[ba'gaʒẽ]
valies (de)	mala (f)	['mala]
bagagekarretje (het)	carrinho (m)	[ka'hiɲu]

paspoort (het)	passaporte (m)	[pasa'pɔrtʃi]
visum (het)	visto (m)	['vistu]
kaartje (het)	passagem (f)	[pa'saʒẽ]
vliegticket (het)	passagem (f) aérea	[pa'saʒẽ a'erja]

reisgids (de)	guia (m) de viagem	['gia de vi'aʒẽ]
kaart (de)	mapa (m)	['mapa]
gebied (landelijk ~)	área (f)	['arja]
plaats (de)	lugar (m)	[lu'gar]

exotische bestemming (de)	exotismo (m)	[ezo'tʃizmu]
exotisch (bn)	exótico	[e'zɔtʃiku]
verwonderlijk (bn)	surpreendente	[surprjẽ'dẽtʃi]

groep (de)	grupo (m)	['grupu]
rondleiding (de)	excursão (f)	[iskur'sãw]
gids (de)	guia (m)	['gia]

100. Hotel

hotel (het)	hotel (m)	[o'tɛw]
motel (het)	motel (m)	[mo'tɛw]
3-sterren	três estrelas	['tres is'trelas]

5-sterren	cinco estrelas	['sĩku is'trelas]
overnachten (ww)	ficar (vi, vt)	[fi'kar]
kamer (de)	quarto (m)	['kwartu]
eenpersoonskamer (de)	quarto (m) individual	['kwartu ĩdʒivi'dwaw]
tweepersoonskamer (de)	quarto (m) duplo	['kwartu 'duplu]
een kamer reserveren	reservar um quarto	[hezer'var ũ 'kwartu]
halfpension (het)	meia pensão (f)	['meja pẽ'sãw]
volpension (het)	pensão (f) completa	[pẽ'sãw kõ'plɛta]
met badkamer	com banheira	[kõ ba'ɲejra]
met douche	com chuveiro	[kõ ʃu'vejru]
satelliet-tv (de)	televisão (m) por satélite	[televi'zãw por sa'tɛlitʃi]
airconditioner (de)	ar (m) condicionado	[ar kõdʒisjo'nadu]
handdoek (de)	toalha (f)	[to'aʎa]
sleutel (de)	chave (f)	['ʃavi]
administrateur (de)	administrador (m)	[adʒiministra'dor]
kamermeisje (het)	camareira (f)	[kama'rejra]
piccolo (de)	bagageiro (m)	[baga'ʒejru]
portier (de)	porteiro (m)	[por'tejru]
restaurant (het)	restaurante (m)	[hestaw'rãtʃi]
bar (de)	bar (m)	[bar]
ontbijt (het)	café (m) da manhã	[ka'fɛ da ma'ɲã]
avondeten (het)	jantar (m)	[ʒã'tar]
buffet (het)	bufê (m)	[bu'fe]
hal (de)	saguão (m)	[sa'gwãw]
lift (de)	elevador (m)	[eleva'dor]
NIET STOREN	NÃO PERTURBE	['nãw per'turbi]
VERBODEN TE ROKEN!	PROIBIDO FUMAR!	[proi'bidu fu'mar]

TECHNISCHE APPARATUUR. VERVOER

Technische apparatuur

101. Computer

computer (de)	computador (m)	[kõputa'dor]
laptop (de)	computador (m) portátil	[kõputa'dɔr por'tatʃiw]
aanzetten (ww)	ligar (vt)	[li'gar]
uitzetten (ww)	desligar (vt)	[dʒizli'gar]
toetsenbord (het)	teclado (m)	[tɛk'ladu]
toets (enter~)	tecla (f)	['tɛkla]
muis (de)	mouse (m)	['mawz]
muismat (de)	tapete (m) para mouse	[ta'petʃi 'para 'mawz]
knopje (het)	botão (m)	[bo'tãw]
cursor (de)	cursor (m)	[kur'sor]
monitor (de)	monitor (m)	[moni'tor]
scherm (het)	tela (f)	['tɛla]
harde schijf (de)	disco (m) rígido	['dʒisku 'hiʒidu]
volume (het)	capacidade (f)	[kapasi'dadʒi
van de harde schijf	do disco rígido	du 'dʒisku 'hiʒidu]
geheugen (het)	memória (f)	[me'mɔrja]
RAM-geheugen (het)	memória RAM (f)	[me'mɔrja ram]
bestand (het)	arquivo (m)	[ar'kivu]
folder (de)	pasta (f)	['pasta]
openen (ww)	abrir (vt)	[a'brir]
sluiten (ww)	fechar (vt)	[fe'ʃar]
opslaan (ww)	salvar (vt)	[saw'var]
verwijderen (wissen)	deletar (vt)	[dele'tar]
kopiëren (ww)	copiar (vt)	[ko'pjar]
sorteren (ww)	ordenar (vt)	[orde'nar]
overplaatsen (ww)	copiar (vt)	[ko'pjar]
programma (het)	programa (m)	[pro'grama]
software (de)	software (m)	[sof'twer]
programmeur (de)	programador (m)	[programa'dor]
programmeren (ww)	programar (vt)	[progra'mar]
hacker (computerkraker)	hacker (m)	['haker]
wachtwoord (het)	senha (f)	['sɛɲa]
virus (het)	vírus (m)	['virus]
ontdekken (virus ~)	detectar (vt)	[detek'tar]

byte (de)	byte (m)	['bajtʃi]
megabyte (de)	megabyte (m)	[mega'bajtʃi]
data (de)	dados (m pl)	['dadus]
databank (de)	base (f) de dados	['bazi de 'dadus]
kabel (USB-~, enz.)	cabo (m)	['kabu]
afsluiten (ww)	desconectar (vt)	[dezkonek'tar]
aansluiten op (ww)	conectar (vt)	[konek'tar]

102. Internet. E-mail

internet (het)	internet (f)	[īter'nɛtʃi]
browser (de)	browser (m)	['brawzer]
zoekmachine (de)	motor (m) de busca	[mo'tor de 'buska]
internetprovider (de)	provedor (m)	[prove'dor]
webmaster (de)	webmaster (m)	[web'master]
website (de)	website (m)	[websajt]
webpagina (de)	página web (f)	['paʒina webi]
adres (het)	endereço (m)	[ēde'resu]
adresboek (het)	livro (m) de endereços	['livru de ēde'resus]
postvak (het)	caixa (f) de correio	['kaɪʃa de ko'heju]
post (de)	correio (m)	[ko'heju]
vol (~ postvak)	cheia	['ʃeja]
bericht (het)	mensagem (f)	[mē'saʒē]
binnenkomende berichten (mv.)	mensagens (f pl) recebidas	[mē'saʒēs hese'bidas]
uitgaande berichten (mv.)	mensagens (f pl) enviadas	[mē'saʒēs ē'vjadas]
verzender (de)	remetente (m)	[heme'tētʃi]
verzenden (ww)	enviar (vt)	[ē'vjar]
verzending (de)	envio (m)	[ē'viu]
ontvanger (de)	destinatário (m)	[destʃina'tarju]
ontvangen (ww)	receber (vt)	[hese'ber]
correspondentie (de)	correspondência (f)	[kohespō'dēsja]
corresponderen (met ...)	corresponder-se (vr)	[kohespō'dersi]
bestand (het)	arquivo (m)	[ar'kivu]
downloaden (ww)	fazer o download, baixar (vt)	[fa'zer u dawn'load], [baj'ʃar]
creëren (ww)	criar (vt)	[krjar]
verwijderen (een bestand ~)	deletar (vt)	[dele'tar]
verwijderd (bn)	deletado	[dele'tadu]
verbinding (de)	conexão (f)	[konek'sãw]
snelheid (de)	velocidade (f)	[velosi'dadʒi]
modem (de)	modem (m)	['modē]
toegang (de)	acesso (m)	[a'sɛsu]
poort (de)	porta (f)	['porta]
aansluiting (de)	conexão (f)	[konek'sãw]

zich aansluiten (ww)	conectar (vi)	[konek'tar]
selecteren (ww)	escolher (vt)	[isko'ʎer]
zoeken (ww)	buscar (vt)	[bus'kar]

103. Elektriciteit

elektriciteit (de)	eletricidade (f)	[eletrisi'dadʒi]
elektrisch (bn)	elétrico	[e'lɛtriku]
elektriciteitscentrale (de)	planta (f) elétrica	['plãta e'lɛtrika]
energie (de)	energia (f)	[ener'ʒia]
elektrisch vermogen (het)	energia (f) elétrica	[ener'ʒia e'lɛtrika]
lamp (de)	lâmpada (f)	['lãpada]
zaklamp (de)	lanterna (f)	[lã'tɛrna]
straatlantaarn (de)	poste (m) de iluminação	['postʃi de ilumina'sãw]
licht (elektriciteit)	luz (f)	[luz]
aandoen (ww)	ligar (vt)	[li'gar]
uitdoen (ww)	desligar (vt)	[dʒizli'gar]
het licht uitdoen	apagar a luz	[apa'gar a luz]
doorbranden (gloeilamp)	queimar (vi)	[kej'mar]
kortsluiting (de)	curto-circuito (m)	['kurtu sir'kwitu]
onderbreking (de)	ruptura (f)	[hup'tura]
contact (het)	contato (m)	[kõ'tatu]
schakelaar (de)	interruptor (m)	[ĩtehup'tor]
stopcontact (het)	tomada (f)	[to'mada]
stekker (de)	plugue (m)	['plugi]
verlengsnoer (de)	extensão (f)	[istẽ'sãw]
zekering (de)	fusível (m)	[fu'zivew]
kabel (de)	fio, cabo (m)	['fiu], ['kabu]
bedrading (de)	instalação (f) elétrica	[ĩstala'sãw e'lɛtrika]
ampère (de)	ampère (m)	[ã'pɛri]
stroomsterkte (de)	amperagem (f)	[ãpe'raʒẽ]
volt (de)	volt (m)	['vɔwtʃi]
spanning (de)	voltagem (f)	[vow'taʒẽ]
elektrisch toestel (het)	aparelho (m) elétrico	[apa'reʎu e'lɛtriku]
indicator (de)	indicador (m)	[ĩdʒika'dor]
elektricien (de)	eletricista (m)	[eletri'sista]
solderen (ww)	soldar (vt)	[sow'dar]
soldeerbout (de)	soldador (m)	[sowda'dor]
stroom (de)	corrente (f) elétrica	[ko'hẽtʃi e'lɛtrika]

104. Gereedschappen

werktuig (stuk gereedschap)	ferramenta (f)	[feha'mẽta]
gereedschap (het)	ferramentas (f pl)	[feha'mẽtas]

uitrusting (de)	equipamento (m)	[ekipa'mẽtu]
hamer (de)	martelo (m)	[mar'tɛlu]
schroevendraaier (de)	chave (f) de fenda	['ʃavi de 'fẽda]
bijl (de)	machado (m)	[ma'ʃadu]
zaag (de)	serra (f)	['sɛha]
zagen (ww)	serrar (vt)	[se'har]
schaaf (de)	plaina (f)	['plajna]
schaven (ww)	aplainar (vt)	[aplaj'nar]
soldeerbout (de)	soldador (m)	[sɔwda'dor]
solderen (ww)	soldar (vt)	[sow'dar]
vijl (de)	lima (f)	['lima]
nijptang (de)	tenaz (f)	[te'najz]
combinatietang (de)	alicate (m)	[ali'katʃi]
beitel (de)	formão (m)	[for'mãw]
boorkop (de)	broca (f)	['brɔka]
boormachine (de)	furadeira (f) elétrica	[fura'dejra e'lɛtrika]
boren (ww)	furar (vt)	[fu'rar]
mes (het)	faca (f)	['faka]
lemmet (het)	lâmina (f)	['lamina]
scherp (bijv. ~ mes)	afiado	[a'fjadu]
bot (bn)	cego	['sɛgu]
bot raken (ww)	embotar-se (vr)	[ẽbo'tarsi]
slijpen (een mes ~)	afiar, amolar (vt)	[a'fjar], [amo'lar]
bout (de)	parafuso (m)	[para'fuzu]
moer (de)	porca (f)	['pɔrka]
schroefdraad (de)	rosca (f)	['hoska]
houtschroef (de)	parafuso (m)	[para'fuzu]
spijker (de)	prego (m)	['prɛgu]
kop (de)	cabeça (f) do prego	[ka'besa du 'prɛgu]
liniaal (de/het)	régua (f)	['hɛgwa]
rolmeter (de)	fita (f) métrica	['fita 'mɛtrika]
waterpas (de/het)	nível (m)	['nivew]
loep (de)	lupa (f)	['lupa]
meetinstrument (het)	medidor (m)	[medʒi'dor]
opmeten (ww)	medir (vt)	[me'dʒir]
schaal (meetschaal)	escala (f)	[is'kala]
gegevens (mv.)	indicação (f), registro (m)	[indʒika'sãw], [he'ʒistru]
compressor (de)	compressor (m)	[kõpre'sor]
microscoop (de)	microscópio (m)	[mikro'skɔpju]
pomp (de)	bomba (f)	['bõba]
robot (de)	robô (m)	[ho'bo]
laser (de)	laser (m)	['lɛjzer]
moersleutel (de)	chave (f) de boca	['ʃavi de 'boka]
plakband (de)	fita (f) adesiva	['fita ade'ziva]

lijm (de)	cola (f)	['kɔla]
schuurpapier (het)	lixa (f)	['liʃa]
veer (de)	mola (f)	['mɔla]
magneet (de)	ímã (m)	['imã]
handschoenen (mv.)	luva (f)	['luva]

touw (bijv. henneptouw)	corda (f)	['kɔrda]
snoer (het)	corda (f)	['kɔrda]
draad (de)	fio (m)	['fiu]
kabel (de)	cabo (m)	['kabu]

moker (de)	marreta (f)	[ma'hɛta]
breekijzer (het)	pé de cabra (m)	[pɛ de 'kabra]
ladder (de)	escada (f) de mão	[is'kada de 'mãw]
trapje (inklapbaar ~)	escada (m)	[is'kada]

aanschroeven (ww)	enroscar (vt)	[ẽhos'kar]
losschroeven (ww)	desenroscar (vt)	[dezẽhos'kar]
dichtpersen (ww)	apertar (vt)	[aper'tar]
vastlijmen (ww)	colar (vt)	[ko'lar]
snijden (ww)	cortar (vt)	[kor'tar]

defect (het)	falha (f)	['faʎa]
reparatie (de)	conserto (m)	[kõ'sɛrtu]
repareren (ww)	consertar, reparar (vt)	[kõser'tar], [hepa'rar]
regelen (een machine ~)	regular, ajustar (vt)	[hegu'lar], [aʒus'tar]

checken (ww)	verificar (vt)	[verifi'kar]
controle (de)	verificação (f)	[verifika'sãw]
gegevens (mv.)	indicação (f), registro (m)	[indʒika'sãw], [he'ʒistru]

degelijk (bijv. ~ machine)	seguro	[se'guru]
ingewikkeld (bn)	complicado	[kõpli'kadu]

roesten (ww)	enferrujar (vi)	[ẽfehu'ʒar]
roestig (bn)	enferrujado	[ẽfehu'ʒadu]
roest (de/het)	ferrugem (f)	[fe'huʒẽ]

Vervoer

105. Vliegtuig

vliegtuig (het)	avião (m)	[a'vjãw]
vliegticket (het)	passagem (f) aérea	[pa'saʒẽ a'erja]
luchtvaartmaatschappij (de)	companhia (f) aérea	[kõpa'ɲia a'erja]
luchthaven (de)	aeroporto (m)	[aero'portu]
supersonisch (bn)	supersônico	[super'soniku]
gezagvoerder (de)	comandante (m) do avião	[komã'dãtʃi du a'vjãw]
bemanning (de)	tripulação (f)	[tripula'sãw]
piloot (de)	piloto (m)	[pi'lotu]
stewardess (de)	aeromoça (f)	[aero'mosa]
stuurman (de)	copiloto (m)	[kopi'lotu]
vleugels (mv.)	asas (f pl)	['azas]
staart (de)	cauda (f)	['kawda]
cabine (de)	cabine (f)	[ka'bini]
motor (de)	motor (m)	[mo'tor]
landingsgestel (het)	trem (m) de pouso	[trẽj de 'pozu]
turbine (de)	turbina (f)	[tur'bina]
propeller (de)	hélice (f)	['ɛlisi]
zwarte doos (de)	caixa-preta (f)	['kaɪʃa 'preta]
stuur (het)	coluna (f) de controle	[ko'luna de kõ'troli]
brandstof (de)	combustível (m)	[kõbus'tʃivew]
veiligheidskaart (de)	instruções (f pl) de segurança	[ĩstru'sõjs de segu'rãsa]
zuurstofmasker (het)	máscara (f) de oxigênio	['maskara de oksi'ʒenju]
uniform (het)	uniforme (m)	[uni'formi]
reddingsvest (de)	colete (m) salva-vidas	[ko'letʃi 'sawva 'vidas]
parachute (de)	paraquedas (m)	[para'kɛdas]
opstijgen (het)	decolagem (f)	[deko'laʒẽ]
opstijgen (ww)	descolar (vi)	[dʒisko'lar]
startbaan (de)	pista (f) de decolagem	['pista de deko'laʒẽ]
zicht (het)	visibilidade (f)	[vizibili'dadʒi]
vlucht (de)	voo (m)	['vou]
hoogte (de)	altura (f)	[aw'tura]
luchtzak (de)	poço (m) de ar	['posu de 'ar]
plaats (de)	assento (m)	[a'sẽtu]
koptelefoon (de)	fone (m) de ouvido	['foni de o'vidu]
tafeltje (het)	mesa (f) retrátil	['meza he'tratʃiw]
venster (het)	janela (f)	[ʒa'nɛla]
gangpad (het)	corredor (m)	[kohe'dor]

106. Trein

trein (de)	trem (m)	[trẽj]
elektrische trein (de)	trem (m) elétrico	[trẽj e'lɛtriku]
sneltrein (de)	trem (m)	[trẽj]
diesellocomotief (de)	locomotiva (f) diesel	[lokomo'tʃiva 'dʒizew]
stoomlocomotief (de)	locomotiva (f) a vapor	[lokomo'tʃiva a va'por]
rijtuig (het)	vagão (f) de passageiros	[va'gãw de pasa'ʒejrus]
restauratierijtuig (het)	vagão-restaurante (m)	[va'gãw-hestaw'rãtʃi]
rails (mv.)	carris (m pl)	[ka'his]
spoorweg (de)	estrada (f) de ferro	[is'trada de 'fɛhu]
dwarsligger (de)	travessa (f)	[tra'vɛsa]
perron (het)	plataforma (f)	[plata'fɔrma]
spoor (het)	linha (f)	['liɲa]
semafoor (de)	semáforo (m)	[se'maforu]
halte (bijv. kleine treinhalte)	estação (f)	[ista'sãw]
machinist (de)	maquinista (m)	[maki'nista]
kruier (de)	bagageiro (m)	[baga'ʒejru]
conducteur (de)	hospedeiro, -a (m, f)	[ospe'dejru, -a]
passagier (de)	passageiro (m)	[pasa'ʒejru]
controleur (de)	revisor (m)	[hevi'zor]
gang (in een trein)	corredor (m)	[kohe'dor]
noodrem (de)	freio (m) de emergência	['freju de imer'ʒẽsja]
coupé (de)	compartimento (m)	[kõpartʃi'mẽtu]
bed (slaapplaats)	cama (f)	['kama]
bovenste bed (het)	cama (f) de cima	['kama de 'sima]
onderste bed (het)	cama (f) de baixo	['kama de 'baɪʃu]
beddengoed (het)	roupa (f) de cama	['hopa de 'kama]
kaartje (het)	passagem (f)	[pa'saʒẽ]
dienstregeling (de)	horário (m)	[o'rarju]
informatiebord (het)	painel (m) de informação	[paj'nɛw de ĩforma'sãw]
vertrekken	partir (vt)	[par'tʃir]
(De trein vertrekt …)		
vertrek (ov. een trein)	partida (f)	[par'tʃida]
aankomen (ov. de treinen)	chegar (vi)	[ʃe'gar]
aankomst (de)	chegada (f)	[ʃe'gada]
aankomen per trein	chegar de trem	[ʃe'gar de trẽj]
in de trein stappen	pegar o trem	[pe'gar u trẽj]
uit de trein stappen	descer de trem	[de'ser de trẽj]
treinwrak (het)	acidente (m) ferroviário	[asi'dẽtʃi feho'vjarju]
ontspoord zijn	descarrilar (vi)	[dʒiskahi'ʎar]
stoomlocomotief (de)	locomotiva (f) a vapor	[lokomo'tʃiva a va'por]
stoker (de)	foguista (f)	[fo'gista]
stookplaats (de)	fornalha (f)	[for'naʎa]
steenkool (de)	carvão (m)	[kar'vãw]

107. Schip

schip (het)	navio (m)	[na'viu]
vaartuig (het)	embarcação (f)	[ẽbarka'sãw]
stoomboot (de)	barco (m) a vapor	['barku a va'por]
motorschip (het)	barco (m) fluvial	['barku flu'vjaw]
lijnschip (het)	transatlântico (m)	[trãzat'lãtʃiku]
kruiser (de)	cruzeiro (m)	[kru'zejru]
jacht (het)	iate (m)	['jatʃi]
sleepboot (de)	rebocador (m)	[heboka'dor]
duwbak (de)	barcaça (f)	[bar'kasa]
ferryboot (de)	ferry (m), balsa (f)	['fɛʀi], ['balsa]
zeilboot (de)	veleiro (m)	[ve'lejru]
brigantijn (de)	bergantim (m)	[behgã'tʃĩ]
ijsbreker (de)	quebra-gelo (m)	['kɛbra 'ʒelu]
duikboot (de)	submarino (m)	[subma'rinu]
boot (de)	bote, barco (m)	['botʃi], ['barku]
sloep (de)	baleeira (f)	[bale'ejra]
reddingssloep (de)	bote (m) salva-vidas	['botʃi 'sawva 'vidas]
motorboot (de)	lancha (f)	['lãʃa]
kapitein (de)	capitão (m)	[kapi'tãw]
zeeman (de)	marinheiro (m)	[mari'ɲejru]
matroos (de)	marujo (m)	[ma'ruʒu]
bemanning (de)	tripulação (f)	[tripula'sãw]
bootsman (de)	contramestre (m)	[kõtra'mɛstri]
scheepsjongen (de)	grumete (m)	[gru'mɛtʃi]
kok (de)	cozinheiro (m) de bordo	[kozi'ɲejru de 'bordu]
scheepsarts (de)	médico (m) de bordo	['mɛdʒiku de 'bordu]
dek (het)	convés (m)	[kõ'vɛs]
mast (de)	mastro (m)	['mastru]
zeil (het)	vela (f)	['vɛla]
ruim (het)	porão (m)	[po'rãw]
voorsteven (de)	proa (f)	['proa]
achtersteven (de)	popa (f)	['popa]
roeispaan (de)	remo (m)	['hɛmu]
schroef (de)	hélice (f)	['ɛlisi]
kajuit (de)	cabine (m)	[ka'bini]
officierskamer (de)	sala (f) dos oficiais	['sala dus ofi'sjajs]
machinekamer (de)	sala (f) das máquinas	['sala das 'makinas]
brug (de)	ponte (m) de comando	['põtʃi de ko'mãdu]
radiokamer (de)	sala (f) de comunicações	['sala de komunika'sõjs]
radiogolf (de)	onda (f)	['õda]
logboek (het)	diário (m) de bordo	['dʒjarju de 'bordu]
verrekijker (de)	luneta (f)	[lu'neta]
klok (de)	sino (m)	['sinu]

Nederlands	Portugees	Uitspraak
vlag (de)	bandeira (f)	[bã'dejra]
kabel (de)	cabo (m)	['kabu]
knoop (de)	nó (m)	[nɔ]
leuning (de)	corrimão (m)	[kohi'mãw]
trap (de)	prancha (f) de embarque	['prãʃa de ẽ'barki]
anker (het)	âncora (f)	['ãkora]
het anker lichten	recolher a âncora	[heko'ʎer a 'ãkora]
het anker neerlaten	jogar a âncora	[ʒo'gar a 'ãkora]
ankerketting (de)	amarra (f)	[a'maha]
haven (bijv. containerhaven)	porto (m)	['portu]
kaai (de)	cais, amarradouro (m)	[kajs], [amaha'doru]
aanleggen (ww)	atracar (vi)	[atra'kar]
wegvaren (ww)	desatracar (vi)	[dʒizatra'kar]
reis (de)	viagem (f)	['vjaʒẽ]
cruise (de)	cruzeiro (m)	[kru'zejru]
koers (de)	rumo (m)	['humu]
route (de)	itinerário (m)	[itʃine'rarju]
vaarwater (het)	canal (m) de navegação	[ka'naw de navega'sãw]
zandbank (de)	banco (m) de areia	['bãku de a'reja]
stranden (ww)	encalhar (vt)	[ẽka'ʎar]
storm (de)	tempestade (f)	[tẽpes'tadʒi]
signaal (het)	sinal (m)	[si'naw]
zinken (ov. een boot)	afundar-se (vr)	[afũ'darse]
Man overboord!	Homem ao mar!	['ɔmẽ aw mah]
SOS (noodsignaal)	SOS	[ɛseo'ɛsi]
reddingsboei (de)	boia (f) salva-vidas	['bɔja 'sawva 'vidas]

108. Vliegveld

Nederlands	Portugees	Uitspraak
luchthaven (de)	aeroporto (m)	[aero'portu]
vliegtuig (het)	avião (m)	[a'vjãw]
luchtvaartmaatschappij (de)	companhia (f) aérea	[kõpa'nia a'erja]
luchtverkeersleider (de)	controlador (m) de tráfego aéreo	[kõtrola'dor de 'trafegu a'erju]
vertrek (het)	partida (f)	[par'tʃida]
aankomst (de)	chegada (f)	[ʃe'gada]
aankomen (per vliegtuig)	chegar (vi)	[ʃe'gar]
vertrektijd (de)	hora (f) de partida	['ɔra de par'tʃida]
aankomstuur (het)	hora (f) de chegada	['ɔra de ʃe'gada]
vertraagd zijn (ww)	estar atrasado	[is'tar atra'zadu]
vluchtvertraging (de)	atraso (m) de voo	[a'trazu de 'vou]
informatiebord (het)	painel (m) de informação	[paj'nɛw de ĩforma'sãw]
informatie (de)	informação (f)	[ĩforma'sãw]
aankondigen (ww)	anunciar (vt)	[anũ'sjar]

vlucht (bijv. KLM ~)	voo (m)	['vou]
douane (de)	alfândega (f)	[aw'fãdʒiga]
douanier (de)	funcionário (m) da alfândega	[fũsjo'narju da aw'fãdʒiga]

douaneaangifte (de)	declaração (f) alfandegária	[deklara'sãw awfãde'garja]
invullen (douaneaangifte ~)	preencher (vt)	[preẽ'ʃer]
een douaneaangifte invullen	preencher a declaração	[preẽ'ʃer a deklara'sãw]
paspoortcontrole (de)	controle (m) de passaporte	[kõ'troli de pasa'pɔrtʃi]

bagage (de)	bagagem (f)	[ba'gaʒẽ]
handbagage (de)	bagagem (f) de mão	[ba'gaʒẽ de 'mãw]
bagagekarretje (het)	carrinho (m)	[ka'hiɲu]

landing (de)	pouso (m)	['pozu]
landingsbaan (de)	pista (f) de pouso	['pista de 'pozu]
landen (ww)	aterrissar (vi)	[atehi'sar]
vliegtuigtrap (de)	escada (f) de avião	[is'kada de a'vjãw]

inchecken (het)	check-in (m)	[ʃɛ'kin]
incheckbalie (de)	balcão (m) do check-in	[baw'kãw du ʃɛ'kin]
inchecken (ww)	fazer o check-in	[fa'zer u ʃɛ'kin]
instapkaart (de)	cartão (m) de embarque	[kar'tãw de ẽ'barki]
gate (de)	portão (m) de embarque	[por'tãw de ẽ'barki]

transit (de)	trânsito (m)	['trãzitu]
wachten (ww)	esperar (vt)	[ispe'rar]
wachtzaal (de)	sala (f) de espera	['sala de is'pɛra]
begeleiden (uitwuiven)	despedir-se de ...	[dʒispe'dʒirsi de]
afscheid nemen (ww)	despedir-se (vr)	[dʒispe'dʒirsi]

Gebeurtenissen in het leven

109. Vakanties. Evenement

feest (het)	festa (f)	['fɛsta]
nationale feestdag (de)	feriado (m) nacional	[fe'rjadu nasjo'naw]
feestdag (de)	feriado (m)	[fe'rjadu]
herdenken (ww)	festejar (vt)	[feste'ʒar]

gebeurtenis (de)	evento (m)	[e'vẽtu]
evenement (het)	evento (m)	[e'vẽtu]
banket (het)	banquete (m)	[bã'ketʃi]
receptie (de)	recepção (f)	[hesep'sãw]
feestmaal (het)	festim (m)	[fes'tʃĩ]

verjaardag (de)	aniversário (m)	[aniver'sarju]
jubileum (het)	jubileu (m)	[ʒubi'lew]
vieren (ww)	celebrar (vt)	[sele'brar]

Nieuwjaar (het)	Ano (m) Novo	['anu 'novu]
Gelukkig Nieuwjaar!	Feliz Ano Novo!	[fe'liz 'anu 'novu]
Sinterklaas (de)	Papai Noel (m)	[pa'paj nɔ'ɛl]

Kerstfeest (het)	Natal (m)	[na'taw]
Vrolijk kerstfeest!	Feliz Natal!	[fe'liz na'taw]
kerstboom (de)	árvore (f) de Natal	['arvori de na'taw]
vuurwerk (het)	fogos (m pl) de artifício	['fogus de artʃi'fisju]

bruiloft (de)	casamento (m)	[kaza'mẽtu]
bruidegom (de)	noivo (m)	['nojvu]
bruid (de)	noiva (f)	['nojva]

uitnodigen (ww)	convidar (vt)	[kõvi'dar]
uitnodigingskaart (de)	convite (m)	[kõ'vitʃi]

gast (de)	convidado (m)	[kõvi'dadu]
op bezoek gaan	visitar (vt)	[vizi'tar]
gasten verwelkomen	receber os convidados	[hese'ber us kõvi'dadus]

geschenk, cadeau (het)	presente (m)	[pre'zẽtʃi]
geven (iets cadeau ~)	oferecer, dar (vt)	[ofere'ser], [dar]
geschenken ontvangen	receber presentes	[hese'ber pre'zẽtʃis]
boeket (het)	buquê (m) de flores	[bu'ke de 'floris]

felicitaties (mv.)	felicitações (f pl)	[felisita'sõjs]
feliciteren (ww)	felicitar (vt)	[felisi'tar]

wenskaart (de)	cartão (m) de parabéns	[kar'tãw de para'bẽjs]
een kaartje versturen	enviar um cartão postal	[ẽ'vjar ũ kart'ãw pos'taw]
een kaartje ontvangen	receber um cartão postal	[hese'ber ũ kart'ãw pos'taw]

T&P Books. Thematische woordenschat Nederlands-Braziliaans Portugees - 5000 woorden

toast (de)	brinde (m)	['brĩdʒi]
aanbieden (een drankje ~)	oferecer (vt)	[ofere'ser]
champagne (de)	champanhe (m)	[ʃã'paɲi]

plezier hebben (ww)	divertir-se (vr)	[dʒiver'tʃirsi]
plezier (het)	diversão (f)	[dʒiver'sãw]
vreugde (de)	alegria (f)	[ale'gria]

dans (de)	dança (f)	['dãsa]
dansen (ww)	dançar (vi)	[dã'sar]

wals (de)	valsa (f)	['vawsa]
tango (de)	tango (m)	['tãgu]

110. Begrafenissen. Begrafenis

kerkhof (het)	cemitério (m)	[semi'tɛrju]
graf (het)	sepultura (f), túmulo (m)	[sepuw'tura], ['tumulu]
kruis (het)	cruz (f)	[kruz]
grafsteen (de)	lápide (f)	['lapidʒi]
omheining (de)	cerca (f)	['serka]
kapel (de)	capela (f)	[ka'pɛla]

dood (de)	morte (f)	['mɔrtʃi]
sterven (ww)	morrer (vi)	[mo'her]
overledene (de)	defunto (m)	[de'fũtu]
rouw (de)	luto (m)	['lutu]

begraven (ww)	enterrar, sepultar (vt)	[ẽte'har], [sepuw'tar]
begrafenisonderneming (de)	casa (f) funerária	['kaza fune'raria]
begrafenis (de)	funeral (m)	[fune'raw]

krans (de)	coroa (f) de flores	[ko'roa de 'flɔris]
doodskist (de)	caixão (m)	[kaɪ'ʃãw]
lijkwagen (de)	carro (m) funerário	['kaho fune'rarju]
lijkkleed (het)	mortalha (f)	[mor'taʎa]

begrafenisstoet (de)	procissão (f) funerária	[prosi'sãw fune'rarja]
urn (de)	urna (f) funerária	['urna fune'rarja]
crematorium (het)	crematório (m)	[krema'tɔrju]

overlijdensbericht (het)	obituário (m), necrologia (f)	[obi'twarju], [nekrolo'ʒia]
huilen (wenen)	chorar (vi)	[ʃo'rar]
snikken (huilen)	soluçar (vi)	[solu'sar]

111. Oorlog. Soldaten

peloton (het)	pelotão (m)	[pelo'tãw]
compagnie (de)	companhia (f)	[kõpa'ɲia]
regiment (het)	regimento (m)	[heʒi'mẽtu]
leger (armee)	exército (m)	[e'zɛrsitu]
divisie (de)	divisão (f)	[dʒivi'zãw]

T&P Books. Thematische woordenschat Nederlands-Braziliaans Portugees - 5000 woorden

| sectie (de) | esquadrão (m) | [iskwa'drãw] |
| troep (de) | hoste (f) | ['ɔste] |

| soldaat (militair) | soldado (m) | [sow'dadu] |
| officier (de) | oficial (m) | [ofi'sjaw] |

soldaat (rang)	soldado (m) raso	[sow'dadu 'hazu]
sergeant (de)	sargento (m)	[sar'ʒẽtu]
luitenant (de)	tenente (m)	[te'nẽtʃi]
kapitein (de)	capitão (m)	[kapi'tãw]
majoor (de)	major (m)	[ma'ʒɔr]
kolonel (de)	coronel (m)	[koro'nɛw]
generaal (de)	general (m)	[ʒene'raw]

matroos (de)	marujo (m)	[ma'ruʒu]
kapitein (de)	capitão (m)	[kapi'tãw]
bootsman (de)	contramestre (m)	[kõtra'mɛstri]
artillerist (de)	artilheiro (m)	[artʃi'ʎejru]
valschermjager (de)	soldado (m) paraquedista	[sow'dadu parake'dʒista]
piloot (de)	piloto (m)	[pi'lotu]
stuurman (de)	navegador (m)	[navega'dor]
mecanicien (de)	mecânico (m)	[me'kaniku]

sappeur (de)	sapador-mineiro (m)	[sapa'dor-mi'nejru]
parachutist (de)	paraquedista (m)	[parake'dʒista]
verkenner (de)	explorador (m)	[isplora'dor]
scherpschutter (de)	atirador (m) de tocaia	[atʃira'dor de to'kaja]

patrouille (de)	patrulha (f)	[pa'truʎa]
patrouilleren (ww)	patrulhar (vt)	[patru'ʎar]
wacht (de)	sentinela (f)	[sẽtʃi'nɛla]
krijger (de)	guerreiro (m)	[ge'hejru]
patriot (de)	patriota (m)	[pa'trjɔta]
held (de)	herói (m)	[e'rɔj]
heldin (de)	heroína (f)	[ero'ina]

| verrader (de) | traidor (m) | [traj'dor] |
| verraden (ww) | trair (vt) | [tra'ir] |

| deserteur (de) | desertor (m) | [dezer'tor] |
| deserteren (ww) | desertar (vt) | [deser'tar] |

huurling (de)	mercenário (m)	[merse'narju]
rekruut (de)	recruta (m)	[he'kruta]
vrijwilliger (de)	voluntário (m)	[volũ'tarju]

gedode (de)	morto (m)	['mortu]
gewonde (de)	ferido (m)	[fe'ridu]
krijgsgevangene (de)	prisioneiro (m) de guerra	[prizjo'nejru de 'gɛha]

112. Oorlog. Militaire acties. Deel 1

| oorlog (de) | guerra (f) | ['gɛha] |
| oorlog voeren (ww) | guerrear (vt) | [ge'hjar] |

Nederlands	Portugees	Uitspraak
burgeroorlog (de)	guerra (f) civil	['gɛha si'viw]
achterbaks (bw)	perfidamente	[perfida'mẽtʃi]
oorlogsverklaring (de)	declaração (f) de guerra	[deklara'sãw de 'gɛha]
verklaren (de oorlog ~)	declarar guerra	[dekla'rar 'gɛha]
agressie (de)	agressão (f)	[agre'sãw]
aanvallen (binnenvallen)	atacar (vt)	[ata'kar]
binnenvallen (ww)	invadir (vt)	[ĩva'dʒir]
invaller (de)	invasor (m)	[ĩva'zor]
veroveraar (de)	conquistador (m)	[kõkista'dor]
verdediging (de)	defesa (f)	[de'feza]
verdedigen (je land ~)	defender (vt)	[defẽ'der]
zich verdedigen (ww)	defender-se (vr)	[defẽ'dersi]
vijand (de)	inimigo (m)	[ini'migu]
tegenstander (de)	adversário (m)	[adʒiver'sarju]
vijandelijk (bn)	inimigo	[ini'migu]
strategie (de)	estratégia (f)	[istra'tɛʒa]
tactiek (de)	tática (f)	['tatʃika]
order (de)	ordem (f)	['ordẽ]
bevel (het)	comando (m)	[ko'mãdu]
bevelen (ww)	ordenar (vt)	[orde'nar]
opdracht (de)	missão (f)	[mi'sãw]
geheim (bn)	secreto	[se'krɛtu]
veldslag (de)	batalha (f)	[ba'taʎa]
strijd (de)	combate (m)	[kõ'batʃi]
aanval (de)	ataque (m)	[a'taki]
bestorming (de)	assalto (m)	[a'sawtu]
bestormen (ww)	assaltar (vt)	[asaw'tar]
bezetting (de)	assédio, sítio (m)	[a'sɛdʒu], ['sitʃu]
aanval (de)	ofensiva (f)	[ɔfẽ'siva]
in het offensief te gaan	tomar à ofensiva	[to'mar a ofẽ'siva]
terugtrekking (de)	retirada (f)	[hetʃi'rada]
zich terugtrekken (ww)	retirar-se (vr)	[hetʃi'rarse]
omsingeling (de)	cerco (m)	['serku]
omsingelen (ww)	cercar (vt)	[ser'kar]
bombardement (het)	bombardeio (m)	[bõbar'deju]
een bom gooien	lançar uma bomba	[lã'sar 'uma 'bõba]
bombarderen (ww)	bombardear (vt)	[bõbar'dʒjar]
ontploffing (de)	explosão (f)	[isplo'zãw]
schot (het)	tiro (m)	['tʃiru]
een schot lossen	dar um tiro	[dar ũ 'tʃiru]
schieten (het)	tiroteio (m)	[tʃiro'teju]
mikken op (ww)	apontar para ...	[apõ'tar 'para]
aanleggen (een wapen ~)	apontar (vt)	[apõ'tar]

treffen (doelwit ~) acertar (vt) [aser'tar]
zinken (tot zinken brengen) afundar (vt) [afũ'dar]
kogelgat (het) brecha (f) ['brɛʃa]
zinken (gezonken zijn) afundar-se (vr) [afũ'darse]

front (het) frente (m) ['frẽtʃi]
evacuatie (de) evacuação (f) [evakwa'sãw]
evacueren (ww) evacuar (vt) [eva'kwar]

loopgraaf (de) trincheira (f) [trĩ'ʃejra]
prikkeldraad (de) arame (m) enfarpado [a'rami ẽfar'padu]
verdedigingsobstakel (het) barreira (f) anti-tanque [ba'hejra ãtʃi-'tãki]
wachttoren (de) torre (f) de vigia ['tohi de vi'ʒia]

hospitaal (het) hospital (m) militar [ospi'taw mili'tar]
verwonden (ww) ferir (vt) [fe'rir]
wond (de) ferida (f) [fe'rida]
gewonde (de) ferido (m) [fe'ridu]
gewond raken (ww) ficar ferido [fi'kar fe'ridu]
ernstig (~e wond) grave ['gravi]

113. Oorlog. Militaire acties. Deel 2

krijgsgevangenschap (de) cativeiro (m) [katʃi'vejru]
krijgsgevangen nemen capturar (vt) [kaptu'rar]
krijgsgevangene zijn estar em cativeiro [is'tar ẽ katʃi'vejru]
krijgsgevangen ser aprisionado [ser aprizjo'nadu]
genomen worden

concentratiekamp (het) campo (m) de concentração ['kãpu de kõsẽtra'sãw]
krijgsgevangene (de) prisioneiro (m) de guerra [prizjo'nejru de 'gɛha]
vluchten (ww) escapar (vi) [iska'par]

verraden (ww) trair (vt) [tra'ir]
verrader (de) traidor (m) [traj'dor]
verraad (het) traição (f) [traj'sãw]

fusilleren (executeren) fuzilar, executar (vt) [fuzi'lar], [ezeku'tar]
executie (de) fuzilamento (m) [fuzila'mẽtu]

uitrusting (de) equipamento (m) [ekipa'mẽtu]
schouderstuk (het) insígnia (f) de ombro [ĩ'signia de 'õbru]
gasmasker (het) máscara (f) de gás ['maskara de gajs]

portofoon (de) rádio (m) ['hadʒju]
geheime code (de) cifra (f), código (m) ['sifra], ['kɔdʒigu]
samenzwering (de) conspiração (f) [kõspira'sãw]
wachtwoord (het) senha (f) ['sɛɲa]

mijn (landmijn) mina (f) ['mina]
ondermijnen (legden mijnen) minar (vt) [mi'nar]
mijnenveld (het) campo (m) minado ['kãpu mi'nadu]
luchtalarm (het) alarme (m) aéreo [a'larmi a'erju]
alarm (het) alarme (m) [a'larmi]

signaal (het)	sinal (m)	[si'naw]
vuurpijl (de)	sinalizador (m)	[sinaliza'dor]

staf (generale ~)	quartel-general (m)	[kwar'tɛw ʒene'raw]
verkenning (de)	reconhecimento (m)	[hekoɲesi'mẽtu]
toestand (de)	situação (f)	[sitwa'sãw]
rapport (het)	relatório (m)	[hela'tɔrju]
hinderlaag (de)	emboscada (f)	[ẽbos'kada]
versterking (de)	reforço (m)	[he'forsu]

doel (bewegend ~)	alvo (m)	['awvu]
proefterrein (het)	campo (m) de tiro	['kãpu de 'tʃiru]
manoeuvres (mv.)	manobras (f pl)	[ma'nɔbras]

paniek (de)	pânico (m)	['paniku]
verwoesting (de)	devastação (f)	[devasta'sãw]
verwoestingen (mv.)	ruínas (f pl)	['hwinas]
verwoesten (ww)	destruir (vt)	[dʒis'trwir]

overleven (ww)	sobreviver (vi)	[sobrivi'ver]
ontwapenen (ww)	desarmar (vt)	[dʒizar'mar]
behandelen (een pistool ~)	manusear (vt)	[manu'zjar]

Geeft acht!	Sentido!	[sẽ'tʃidu]
Op de plaats rust!	Descansar!	[dʒiskã'sar]

heldendaad (de)	façanha (f)	[fa'saɲa]
eed (de)	juramento (m)	[ʒura'mẽtu]
zweren (een eed doen)	jurar (vi)	[ʒu'rar]

decoratie (de)	condecoração (f)	[kõdekora'sãw]
onderscheiden (een ereteken geven)	condecorar (vt)	[kõdeko'rar]
medaille (de)	medalha (f)	[me'daʎa]
orde (de)	ordem (f)	['ordẽ]

overwinning (de)	vitória (f)	[vi'tɔrja]
verlies (het)	derrota (f)	[de'hɔta]
wapenstilstand (de)	armistício (m)	[armis'tʃisju]

wimpel (vaandel)	bandeira (f)	[bã'dejra]
roem (de)	glória (f)	['glɔrja]
parade (de)	parada (f)	[pa'rada]
marcheren (ww)	marchar (vi)	[mar'ʃar]

114. Wapens

wapens (mv.)	arma (f)	['arma]
vuurwapens (mv.)	arma (f) de fogo	['arma de 'fogu]
koude wapens (mv.)	arma (f) branca	['arma 'brãka]

chemische wapens (mv.)	arma (f) química	['arma 'kimika]
kern-, nucleair (bn)	nuclear	[nu'kljar]
kernwapens (mv.)	arma (f) nuclear	['arma nu'kljar]

| bom (de) | bomba (f) | ['bõba] |
| atoombom (de) | bomba (f) atômica | ['bõba a'tomika] |

pistool (het)	pistola (f)	[pis'tɔla]
geweer (het)	rifle (m)	['hifli]
machinepistool (het)	semi-automática (f)	[semi-awto'matʃika]
machinegeweer (het)	metralhadora (f)	[metraʎa'dora]

loop (schietbuis)	boca (f)	['boka]
loop (bijv. geweer met kortere ~)	cano (m)	['kanu]
kaliber (het)	calibre (m)	[ka'libri]

trekker (de)	gatilho (m)	[ga'tʃiʎu]
korrel (de)	mira (f)	['mira]
magazijn (het)	carregador (m)	[kahega'dor]
geweerkolf (de)	coronha (f)	[ko'rɔɲa]

| granaat (handgranaat) | granada (f) de mão | [gra'nada de mãw] |
| explosieven (mv.) | explosivo (m) | [isplo'zivu] |

kogel (de)	bala (f)	['bala]
patroon (de)	cartucho (m)	[kar'tuʃu]
lading (de)	carga (f)	['karga]
ammunitie (de)	munições (f pl)	[muni'sõjs]

bommenwerper (de)	bombardeiro (m)	[bõbar'dejru]
straaljager (de)	avião (m) de caça	[a'vjãw de 'kasa]
helikopter (de)	helicóptero (m)	[eli'kɔpteru]

afweergeschut (het)	canhão (m) antiaéreo	[ka'ɲãw ãtʃja'ɛrju]
tank (de)	tanque (m)	['tãki]
kanon (tank met een ~ van 76 mm)	canhão (m)	[ka'ɲãw]

artillerie (de)	artilharia (f)	[artʃiʎa'ria]
kanon (het)	canhão (m)	[ka'ɲãw]
aanleggen (een wapen ~)	fazer a pontaria	[fa'zer a põta'ria]

projectiel (het)	projétil (m)	[pro'ʒɛtʃiw]
mortiergranaat (de)	granada (f) de morteiro	[gra'nada de mor'tejru]
mortier (de)	morteiro (m)	[mor'tejru]
granaatscherf (de)	estilhaço (m)	[istʃi'ʎasu]

duikboot (de)	submarino (m)	[subma'rinu]
torpedo (de)	torpedo (m)	[tor'pedu]
raket (de)	míssil (m)	['misiw]

laden (geweer, kanon)	carregar (vt)	[kahe'gar]
schieten (ww)	disparar, atirar (vi)	[dʒispa'rar], [atʃi'rar]
richten op (mikken)	apontar para ...	[apõ'tar 'para]
bajonet (de)	baioneta (f)	[bajo'neta]

degen (de)	espada (f)	[is'pada]
sabel (de)	sabre (m)	['sabri]
speer (de)	lança (f)	['lãsa]

boog (de)	arco (m)	['arku]
pijl (de)	flecha (f)	['flɛʃa]
musket (de)	mosquete (m)	[mos'ketʃi]
kruisboog (de)	besta (f)	['bɛsta]

115. Oude mensen

primitief (bn)	primitivo	[primi'tʃivu]
voorhistorisch (bn)	pré-histórico	[prɛ-is'tɔriku]
eeuwenoude (~ beschaving)	antigo	[ã'tʃigu]

Steentijd (de)	Idade (f) da Pedra	[i'dadʒi da 'pɛdra]
Bronstijd (de)	Idade (f) do Bronze	[i'dadʒi du 'brõzi]
IJstijd (de)	Era (f) do Gelo	['ɛra du 'ʒelu]

stam (de)	tribo (f)	['tribu]
menseneter (de)	canibal (m)	[kani'baw]
jager (de)	caçador (m)	[kasa'dor]
jagen (ww)	caçar (vi)	[ka'sar]
mammoet (de)	mamute (m)	[ma'mutʃi]

grot (de)	caverna (f)	[ka'vɛrna]
vuur (het)	fogo (m)	['fogu]

kampvuur (het)	fogueira (f)	[fo'gejra]
rotstekening (de)	pintura (f) rupestre	[pĩ'tura hu'pɛstri]

werkinstrument (het)	ferramenta (f)	[feha'mẽta]
speer (de)	lança (f)	['lãsa]
stenen bijl (de)	machado (m) de pedra	[ma'ʃadu de 'pɛdra]

oorlog voeren (ww)	guerrear (vt)	[ge'hjar]
temmen (bijv. wolf ~)	domesticar (vt)	[domestʃi'kar]

idool (het)	ídolo (m)	['idolu]
aanbidden (ww)	adorar, venerar (vt)	[ado'rar], [vene'rar]

bijgeloof (het)	superstição (f)	[superstʃi'sãw]
ritueel (het)	ritual (m)	[hi'twaw]

evolutie (de)	evolução (f)	[evolu'sãw]
ontwikkeling (de)	desenvolvimento (m)	[dʒizẽvowvi'mẽtu]

verdwijning (de)	extinção (f)	[istʃĩ'sãw]
zich aanpassen (ww)	adaptar-se (vr)	[adap'tarse]

archeologie (de)	arqueologia (f)	[arkjolo'ʒia]
archeoloog (de)	arqueólogo (m)	[ar'kjɔlogu]
archeologisch (bn)	arqueológico	[arkjo'lɔʒiku]

opgravingsplaats (de)	escavação (f)	[iskava'sãw]
opgravingen (mv.)	escavações (f pl)	[iskava'sõjs]
vondst (de)	achado (m)	[a'ʃadu]
fragment (het)	fragmento (m)	[frag'mẽtu]

116. Middeleeuwen

volk (het)	povo (m)	['pɔvu]
volkeren (mv.)	povos (m pl)	['pɔvus]
stam (de)	tribo (f)	['tribu]
stammen (mv.)	tribos (f pl)	['tribus]

barbaren (mv.)	bárbaros (pl)	['barbarus]
Galliërs (mv.)	gauleses (pl)	[gaw'lezes]
Goten (mv.)	godos (pl)	['godus]
Slaven (mv.)	eslavos (pl)	[iʃ'lavus]
Vikings (mv.)	viquingues (pl)	['vikĩgis]

Romeinen (mv.)	romanos (pl)	[ho'manus]
Romeins (bn)	romano	[ho'manu]

Byzantijnen (mv.)	bizantinos (pl)	[bizã'tʃinus]
Byzantium (het)	Bizâncio	[bi'zãsju]
Byzantijns (bn)	bizantino	[bizã'tʃinu]

keizer (bijv. Romeinse ~)	imperador (m)	[ĩpera'dor]
opperhoofd (het)	líder (m)	['lider]
machtig (bn)	poderoso	[pode'rozu]
koning (de)	rei (m)	[hej]
heerser (de)	governante (m)	[gover'nãtʃi]

ridder (de)	cavaleiro (m)	[kava'lejru]
feodaal (de)	senhor feudal (m)	[se'ɲor few'daw]
feodaal (bn)	feudal	[few'daw]
vazal (de)	vassalo (m)	[va'salu]

hertog (de)	duque (m)	['duki]
graaf (de)	conde (m)	['kõdʒi]
baron (de)	barão (m)	[ba'rãw]
bisschop (de)	bispo (m)	['bispu]

harnas (het)	armadura (f)	[arma'dura]
schild (het)	escudo (m)	[is'kudu]
zwaard (het)	espada (f)	[is'pada]
vizier (het)	viseira (f)	[vi'zejra]
maliënkolder (de)	cota (f) de malha	['kɔta de 'maʎa]

kruistocht (de)	cruzada (f)	[kru'zada]
kruisvaarder (de)	cruzado (m)	[kru'zadu]

gebied (bijv. bezette ~en)	território (m)	[tehi'tɔrju]
aanvallen (binnenvallen)	atacar (vt)	[ata'kar]
veroveren (ww)	conquistar (vt)	[kõkis'tar]
innemen (binnenvallen)	ocupar, invadir (vt)	[oku'parsi], [ĩva'dʒir]

bezetting (de)	assédio, sítio (m)	[a'sɛdʒu], ['sitʃju]
belegerd (bn)	sitiado	[si'tʃjadu]
belegeren (ww)	assediar, sitiar (vt)	[ase'dʒjar], [si'tʃjar]
inquisitie (de)	inquisição (f)	[ĩkizi'sãw]
inquisiteur (de)	inquisidor (m)	[ĩkizi'dor]

foltering (de)	tortura (f)	[tor'tura]
wreed (bn)	cruel	[kru'ɛw]
ketter (de)	herege (m)	[e'reʒi]
ketterij (de)	heresia (f)	[ere'zia]
zeevaart (de)	navegação (f) marítima	[navega'sãu ma'ritʃima]
piraat (de)	pirata (m)	[pi'rata]
piraterij (de)	pirataria (f)	[pirata'ria]
enteren (het)	abordagem (f)	[abor'daʒẽ]
buit (de)	presa (f), butim (m)	['preza], [bu'tĩ]
schatten (mv.)	tesouros (m pl)	[te'zorus]
ontdekking (de)	descobrimento (m)	[dʒiskobri'mẽtu]
ontdekken (bijv. nieuw land)	descobrir (vt)	[dʒisko'brir]
expeditie (de)	expedição (f)	[ispedʒi'sãw]
musketier (de)	mosqueteiro (m)	[moske'tejru]
kardinaal (de)	cardeal (m)	[kar'dʒjaw]
heraldiek (de)	heráldica (f)	[e'rawdʒika]
heraldisch (bn)	heráldico	[e'rawdʒiku]

117. Leider. Baas. Autoriteiten

koning (de)	rei (m)	[hej]
koningin (de)	rainha (f)	[ha'iɲa]
koninklijk (bn)	real	[he'aw]
koninkrijk (het)	reino (m)	['hejnu]
prins (de)	príncipe (m)	['prĩsipi]
prinses (de)	princesa (f)	[prĩ'seza]
president (de)	presidente (m)	[prezi'dẽtʃi]
vicepresident (de)	vice-presidente (m)	['visi-prezi'dẽtʃi]
senator (de)	senador (m)	[sena'dor]
monarch (de)	monarca (m)	[mo'narka]
heerser (de)	governante (m)	[gover'nãtʃi]
dictator (de)	ditador (m)	[dʒita'dor]
tiran (de)	tirano (m)	[tʃi'ranu]
magnaat (de)	magnata (m)	[mag'nata]
directeur (de)	diretor (m)	[dʒire'tor]
chef (de)	chefe (m)	['ʃɛfi]
beheerder (de)	gerente (m)	[ʒe'rẽtʃi]
baas (de)	patrão (m)	[pa'trãw]
eigenaar (de)	dono (m)	['donu]
hoofd (bijv. ~ van de delegatie)	chefe (m)	['ʃɛfi]
autoriteiten (mv.)	autoridades (f pl)	[awtori'dadʒis]
superieuren (mv.)	superiores (m pl)	[supe'rjores]
gouverneur (de)	governador (m)	[governa'dor]
consul (de)	cônsul (m)	['kõsuw]

diplomaat (de)	diplomata (m)	[dʒiplo'mata]
burgemeester (de)	Presidente (m) da Câmara	[prezi'dētʃi da 'kamara]
sheriff (de)	xerife (m)	[ʃe'rifi]

keizer (bijv. Romeinse ~)	imperador (m)	[ĩpera'dor]
tsaar (de)	czar (m)	['kzar]
farao (de)	faraó (m)	[fara'ɔ]
kan (de)	cã, khan (m)	[kã]

118. De wet overtreden. Criminelen. Deel 1

bandiet (de)	bandido (m)	[bã'dʒidu]
misdaad (de)	crime (m)	['krimi]
misdadiger (de)	criminoso (m)	[krimi'nozu]

dief (de)	ladrão (m)	[la'drãw]
stelen (ww)	roubar (vt)	[ho'bar]
stelen (de)	furto (m)	['furtu]
diefstal (de)	furto (m)	['furtu]

kidnappen (ww)	raptar, sequestrar (vt)	[hap'tar], [sekwes'trar]
kidnapping (de)	sequestro (m)	[se'kwɛstru]
kidnapper (de)	sequestrador (m)	[sekwestra'dor]

losgeld (het)	resgate (m)	[hez'gatʃi]
eisen losgeld (ww)	pedir resgate	[pe'dʒir hez'gatʃi]

overvallen (ww)	roubar (vt)	[ho'bar]
overval (de)	assalto, roubo (m)	[a'sawtu], ['hobu]
overvaller (de)	assaltante (m)	[asaw'tãtʃi]

afpersen (ww)	extorquir (vt)	[istor'kir]
afperser (de)	extorsionário (m)	[istorsjo'narju]
afpersing (de)	extorsão (f)	[istor'sãw]

vermoorden (ww)	matar, assassinar (vt)	[ma'tar], [asasi'nar]
moord (de)	homicídio (m)	[omi'sidʒju]
moordenaar (de)	homicida, assassino (m)	[ɔmi'sida], [asa'sinu]

schot (het)	tiro (m)	['tʃiru]
een schot lossen	dar um tiro	[dar ũ 'tʃiru]
neerschieten (ww)	matar a tiro	[ma'tar a 'tʃiru]
schieten (ww)	disparar, atirar (vi)	[dʒispa'rar], [atʃi'rar]
schieten (het)	tiroteio (m)	[tʃiro'teju]

ongeluk (gevecht, enz.)	incidente (m)	[ĩsi'dẽtʃi]
gevecht (het)	briga (f)	['briga]
Help!	Socorro!	[so'kohu]
slachtoffer (het)	vítima (f)	['vitʃima]

beschadigen (ww)	danificar (vt)	[danifi'kar]
schade (de)	dano (m)	['danu]
lijk (het)	cadáver (m)	[ka'daver]
zwaar (~ misdrijf)	grave	['gravi]

aanvallen (ww)	atacar (vt)	[ata'kar]
slaan (iemand ~)	bater (vt)	[ba'ter]
in elkaar slaan (toetakelen)	espancar (vt)	[ispã'kar]
ontnemen (beroven)	tirar (vt)	[tʃi'rar]
steken (met een mes)	esfaquear (vt)	[isfaki'ar]
verminken (ww)	mutilar (vt)	[mutʃi'lar]
verwonden (ww)	ferir (vt)	[fe'rir]
chantage (de)	chantagem (f)	[ʃã'taʒẽ]
chanteren (ww)	chantagear (vt)	[ʃãta'ʒjar]
chanteur (de)	chantagista (m)	[ʃãta'ʒista]
afpersing (de)	extorsão (f)	[istor'sãw]
afperser (de)	extorsionário (m)	[istorsjo'narju]
gangster (de)	gângster (m)	['gãŋster]
maffia (de)	máfia (f)	['mafja]
kruimeldief (de)	punguista (m)	[pũ'gista]
inbreker (de)	assaltante, ladrão (m)	[asaw'tãtʃi], [la'drãw]
smokkelen (het)	contrabando (m)	[kõtra'bãdu]
smokkelaar (de)	contrabandista (m)	[kõtrabã'dʒista]
namaak (de)	falsificação (f)	[fawsifika'sãw]
namaken (ww)	falsificar (vt)	[fawsifi'kar]
namaak-, vals (bn)	falsificado	[fawsifi'kadu]

119. De wet overtreden. Criminelen. Deel 2

verkrachting (de)	estupro (m)	[is'tupru]
verkrachten (ww)	estuprar (vt)	[istu'prar]
verkrachter (de)	estuprador (m)	[istupra'dor]
maniak (de)	maníaco (m)	[ma'niaku]
prostituee (de)	prostituta (f)	[prostʃi'tuta]
prostitutie (de)	prostituição (f)	[prostʃitwi'sãw]
pooier (de)	cafetão (m)	[kafe'tãw]
drugsverslaafde (de)	drogado (m)	[dro'gadu]
drugshandelaar (de)	traficante (m)	[trafi'kãtʃi]
opblazen (ww)	explodir (vt)	[isplo'dʒir]
explosie (de)	explosão (f)	[isplo'zãw]
in brand steken (ww)	incendiar (vt)	[ĩsẽ'dʒjar]
brandstichter (de)	incendiário (m)	[ĩsẽ'dʒjarju]
terrorisme (het)	terrorismo (m)	[teho'rizmu]
terrorist (de)	terrorista (m)	[teho'rista]
gijzelaar (de)	refém (m)	[he'fẽ]
bedriegen (ww)	enganar (vt)	[ẽga'nar]
bedrog (het)	engano (m)	[ẽ'gãnu]
oplichter (de)	vigarista (m)	[viga'rista]
omkopen (ww)	subornar (vt)	[subor'nar]
omkoperij (de)	suborno (m)	[su'bornu]

smeergeld (het)	suborno (m)	[su'bornu]
vergif (het)	veneno (m)	[ve'nɛnu]
vergiftigen (ww)	envenenar (vt)	[ẽvene'nar]
vergif innemen (ww)	envenenar-se (vr)	[ẽvene'narsi]
zelfmoord (de)	suicídio (m)	[swi'sidʒju]
zelfmoordenaar (de)	suicida (m)	[swi'sida]
bedreigen	ameaçar (vt)	[amea'sar]
(bijv. met een pistool)		
bedreiging (de)	ameaça (f)	[ame'asa]
een aanslag plegen	atentar contra a vida de ...	[atẽ'tar 'kõtra a 'vida de]
aanslag (de)	atentado (m)	[atẽ'tadu]
stelen (een auto)	roubar (vt)	[ho'bar]
kapen (een vliegtuig)	sequestrar (vt)	[sekwes'trar]
wraak (de)	vingança (f)	[vĩ'gãsa]
wreken (ww)	vingar (vt)	[vĩ'gar]
martelen (gevangenen)	torturar (vt)	[tortu'rar]
foltering (de)	tortura (f)	[tor'tura]
folteren (ww)	atormentar (vt)	[atormẽ'tar]
piraat (de)	pirata (m)	[pi'rata]
straatschender (de)	desordeiro (m)	[dʒizor'dejru]
gewapend (bn)	armado	[ar'madu]
geweld (het)	violência (f)	[vjo'lẽsja]
onwettig (strafbaar)	ilegal	[ile'gaw]
spionage (de)	espionagem (f)	[ispio'naʒẽ]
spioneren (ww)	espionar (vi)	[ispjo'nar]

120. Politie. Wet. Deel 1

justitie (de)	justiça (f)	[ʒus'tʃisa]
gerechtshof (het)	tribunal (m)	[tribu'naw]
rechter (de)	juiz (m)	[ʒwiz]
jury (de)	jurados (m pl)	[ʒu'radus]
juryrechtspraak (de)	tribunal (m) do júri	[tribu'naw du 'ʒuri]
berechten (ww)	julgar (vt)	[ʒuw'gar]
advocaat (de)	advogado (m)	[adʒivo'gadu]
beklaagde (de)	réu (m)	['hɛw]
beklaagdenbank (de)	banco (m) dos réus	['bãku dus hɛws]
beschuldiging (de)	acusação (f)	[akuza'sãw]
beschuldigde (de)	acusado (m)	[aku'zadu]
vonnis (het)	sentença (f)	[sẽ'tẽsa]
veroordelen	sentenciar (vt)	[sẽtẽ'sjar]
(in een rechtszaak)		
schuldige (de)	culpado (m)	[kuw'padu]

straffen (ww)	punir (vt)	[pu'nir]
bestraffing (de)	punição (f)	[puni'sãw]
boete (de)	multa (f)	['muwta]
levenslange opsluiting (de)	prisão (f) perpétua	[pri'zãw per'pɛtwa]
doodstraf (de)	pena (f) de morte	['pena de 'mɔrtʃi]
elektrische stoel (de)	cadeira (f) elétrica	[ka'dejra e'lɛtrika]
schavot (het)	forca (f)	['forka]
executeren (ww)	executar (vt)	[ezeku'tar]
executie (de)	execução (f)	[ezeku'sãw]
gevangenis (de)	prisão (f)	[pri'zãw]
cel (de)	cela (f) de prisão	['sɛla de pri'zãw]
konvooi (het)	escolta (f)	[is'kɔwta]
gevangenisbewaker (de)	guarda (m) prisional	['gwarda prizjo'naw]
gedetineerde (de)	preso (m)	['prezu]
handboeien (mv.)	algemas (f pl)	[aw'ʒɛmas]
handboeien omdoen	algemar (vt)	[awʒe'mar]
ontsnapping (de)	fuga, evasão (f)	['fuga], [eva'zãw]
ontsnappen (ww)	fugir (vi)	[fu'ʒir]
verdwijnen (ww)	desaparecer (vi)	[dʒizapare'ser]
vrijlaten (uit de gevangenis)	soltar, libertar (vt)	[sow'tar], [liber'tar]
amnestie (de)	anistia (f)	[anis'tʃia]
politie (de)	polícia (f)	[po'lisja]
politieagent (de)	polícia (m)	[po'lisja]
politiebureau (het)	delegacia (f) de polícia	[delega'sia de po'lisja]
knuppel (de)	cassetete (m)	[kase'tɛtʃi]
megafoon (de)	megafone (m)	[mega'foni]
patrouilleerwagen (de)	carro (m) de patrulha	['kaho de pa'truʎa]
sirene (de)	sirene (f)	[si'rɛni]
de sirene aansteken	ligar a sirene	[li'gar a si'rɛni]
geloei (het) van de sirene	toque (m) da sirene	['tɔki da si'rɛni]
plaats delict (de)	cena (f) do crime	['sɛna du 'krimi]
getuige (de)	testemunha (f)	[teste'muɲa]
vrijheid (de)	liberdade (f)	[liber'dadʒi]
handlanger (de)	cúmplice (m)	['kũplisi]
ontvluchten (ww)	escapar (vi)	[iska'par]
spoor (het)	traço (m)	['trasu]

121. Politie. Wet. Deel 2

opsporing (de)	procura (f)	[pro'kura]
opsporen (ww)	procurar (vt)	[proku'rar]
verdenking (de)	suspeita (f)	[sus'pejta]
verdacht (bn)	suspeito	[sus'pejtu]
aanhouden (stoppen)	parar (vt)	[pa'rar]
tegenhouden (ww)	deter (vt)	[de'ter]

strafzaak (de)	caso (m)	['kazu]
onderzoek (het)	investigação (f)	[ĩvestʃiga'sãw]
detective (de)	detetive (m)	[dete'tʃivi]
onderzoeksrechter (de)	investigador (m)	[ĩvestʃiga'dor]
versie (de)	versão (f)	[ver'sãw]
motief (het)	motivo (m)	[mo'tʃivu]
verhoor (het)	interrogatório (m)	[ĩtehoga'tɔrju]
ondervragen (door de politie)	interrogar (vt)	[ĩteho'gar]
ondervragen (omstanders ~)	questionar (vt)	[kestʃjo'nar]
controle (de)	verificação (f)	[verifika'sãw]
razzia (de)	batida (f) policial	[ba'tʃida poli'sjaw]
huiszoeking (de)	busca (f)	['buska]
achtervolging (de)	perseguição (f)	[persegi'sãw]
achtervolgen (ww)	perseguir (vt)	[perse'gir]
opsporen (ww)	seguir, rastrear (vt)	[se'gir], [has'trjar]
arrest (het)	prisão (f)	[pri'zãw]
arresteren (ww)	prender (vt)	[prẽ'der]
vangen, aanhouden (een dief, enz.)	pegar, capturar (vt)	[pe'gar], [kaptu'rar]
aanhouding (de)	captura (f)	[kap'tura]
document (het)	documento (m)	[doku'mẽtu]
bewijs (het)	prova (f)	['prɔva]
bewijzen (ww)	provar (vt)	[pro'var]
voetspoor (het)	pegada (f)	[pe'gada]
vingerafdrukken (mv.)	impressões (f pl) digitais	[impre'sõjs dʒiʒi'tajs]
bewijs (het)	prova (f)	['prɔva]
alibi (het)	álibi (m)	['alibi]
onschuldig (bn)	inocente	[ino'sẽtʃi]
onrecht (het)	injustiça (f)	[ĩʒus'tʃisa]
onrechtvaardig (bn)	injusto	[ĩ'ʒustu]
crimineel (bn)	criminal	[krimi'naw]
confisqueren (in beslag nemen)	confiscar (vt)	[kõfis'kar]
drug (de)	droga (f)	['drɔga]
wapen (het)	arma (f)	['arma]
ontwapenen (ww)	desarmar (vt)	[dʒizar'mar]
bevelen (ww)	ordenar (vt)	[orde'nar]
verdwijnen (ww)	desaparecer (vi)	[dʒizapare'ser]
wet (de)	lei (f)	[lej]
wettelijk (bn)	legal	[le'gaw]
onwettelijk (bn)	ilegal	[ile'gaw]
verantwoordelijkheid (de)	responsabilidade (f)	[hespõsabili'dadʒi]
verantwoordelijk (bn)	responsável	[hespõ'savew]

NATUUR

De Aarde. Deel 1

122. De kosmische ruimte

kosmos (de)	espaço, cosmo (m)	[is'pasu], ['kɔzmu]
kosmisch (bn)	espacial, cósmico	[ispa'sjaw], ['kɔzmiku]
kosmische ruimte (de)	espaço (m) cósmico	[is'pasu 'kɔzmiku]
wereld (de)	mundo (m)	['mũdu]
heelal (het)	universo (m)	[uni'vɛrsu]
sterrenstelsel (het)	galáxia (f)	[ga'laksja]
ster (de)	estrela (f)	[is'trela]
sterrenbeeld (het)	constelação (f)	[kõstela'sãw]
planeet (de)	planeta (m)	[pla'neta]
satelliet (de)	satélite (m)	[sa'tɛlitʃi]
meteoriet (de)	meteorito (m)	[meteo'ritu]
komeet (de)	cometa (m)	[ko'meta]
asteroïde (de)	asteroide (m)	[aste'rɔjdʒi]
baan (de)	órbita (f)	['ɔrbita]
draaien (om de zon, enz.)	girar (vi)	[ʒi'rar]
atmosfeer (de)	atmosfera (f)	[atmos'fɛra]
Zon (de)	Sol (m)	[sɔw]
zonnestelsel (het)	Sistema (m) Solar	[sis'tɛma so'lar]
zonsverduistering (de)	eclipse (m) solar	[e'klipsi so'lar]
Aarde (de)	Terra (f)	['tɛha]
Maan (de)	Lua (f)	['lua]
Mars (de)	Marte (m)	['martʃi]
Venus (de)	Vênus (f)	['venus]
Jupiter (de)	Júpiter (m)	['ʒupiter]
Saturnus (de)	Saturno (m)	[sa'turnu]
Mercurius (de)	Mercúrio (m)	[mer'kurju]
Uranus (de)	Urano (m)	[u'ranu]
Neptunus (de)	Netuno (m)	[ne'tunu]
Pluto (de)	Plutão (m)	[plu'tãw]
Melkweg (de)	Via Láctea (f)	['via 'laktja]
Grote Beer (de)	Ursa Maior (f)	[ursa ma'jɔr]
Poolster (de)	Estrela Polar (f)	[is'trela po'lar]
marsmannetje (het)	marciano (m)	[mar'sjanu]
buitenaards wezen (het)	extraterrestre (m)	[estrate'hɛstri]

| bovenaards (het) | alienígena (m) | [alje'niʒena] |
| vliegende schotel (de) | disco (m) voador | ['dʒisku vwa'dor] |

ruimtevaartuig (het)	nave (f) espacial	['navi ispa'sjaw]
ruimtestation (het)	estação (f) orbital	[eʃta'sãw orbi'taw]
start (de)	lançamento (m)	[lãsa'mẽtu]

motor (de)	motor (m)	[mo'tor]
straalpijp (de)	bocal (m)	[bo'kaw]
brandstof (de)	combustível (m)	[kõbus'tʃivew]

cabine (de)	cabine (f)	[ka'bini]
antenne (de)	antena (f)	[ã'tɛna]
patrijspoort (de)	vigia (f)	[vi'ʒia]
zonnebatterij (de)	bateria (f) solar	[bate'ria so'lar]
ruimtepak (het)	traje (m) espacial	['traʒi ispa'sjaw]

| gewichtloosheid (de) | imponderabilidade (f) | [ĩpõderabili'dadʒi] |
| zuurstof (de) | oxigênio (m) | [oksi'ʒenju] |

| koppeling (de) | acoplagem (f) | [ako'plaʒẽ] |
| koppeling maken | fazer uma acoplagem | [fa'zer 'uma ako'plaʒẽ] |

observatorium (het)	observatório (m)	[observa'tɔrju]
telescoop (de)	telescópio (m)	[tele'skɔpju]
waarnemen (ww)	observar (vt)	[obser'var]
exploreren (ww)	explorar (vt)	[isplo'rar]

123. De Aarde

Aarde (de)	Terra (f)	['tɛha]
aardbol (de)	globo (m) terrestre	['globu te'hɛstri]
planeet (de)	planeta (m)	[pla'neta]

atmosfeer (de)	atmosfera (f)	[atmos'fɛra]
aardrijkskunde (de)	geografia (f)	[ʒeogra'fia]
natuur (de)	natureza (f)	[natu'reza]

wereldbol (de)	globo (m)	['globu]
kaart (de)	mapa (m)	['mapa]
atlas (de)	atlas (m)	['atlas]

| Europa (het) | Europa (f) | [ew'rɔpa] |
| Azië (het) | Ásia (f) | ['azja] |

| Afrika (het) | África (f) | ['afrika] |
| Australië (het) | Austrália (f) | [aws'tralja] |

Amerika (het)	América (f)	[a'mɛrika]
Noord-Amerika (het)	América (f) do Norte	[a'mɛrika du 'nɔrtʃi]
Zuid-Amerika (het)	América (f) do Sul	[a'mɛrika du suw]

| Antarctica (het) | Antártida (f) | [ã'tartʃida] |
| Arctis (de) | Ártico (m) | ['artʃiku] |

124. Windrichtingen

noorden (het)	norte (m)	['nɔrtʃi]
naar het noorden	para norte	['para 'nɔrtʃi]
in het noorden	no norte	[nu 'nɔrtʃi]
noordelijk (bn)	do norte	[du 'nɔrtʃi]
zuiden (het)	sul (m)	[suw]
naar het zuiden	para sul	['para suw]
in het zuiden	no sul	[nu suw]
zuidelijk (bn)	do sul	[du suw]
westen (het)	oeste, ocidente (m)	['wɛstʃi], [osi'dẽtʃi]
naar het westen	para oeste	['para 'wɛstʃi]
in het westen	no oeste	[nu 'wɛstʃi]
westelijk (bn)	ocidental	[osidẽ'taw]
oosten (het)	leste, oriente (m)	['lɛstʃi], [o'rjẽtʃi]
naar het oosten	para leste	['para 'lɛstʃi]
in het oosten	no leste	[nu 'lɛstʃi]
oostelijk (bn)	oriental	[orjẽ'taw]

125. Zee. Oceaan

zee (de)	mar (m)	[mah]
oceaan (de)	oceano (m)	[o'sjanu]
golf (baai)	golfo (m)	['gowfu]
straat (de)	estreito (m)	[is'trejtu]
grond (vaste grond)	terra (f) firme	['tɛha 'firmi]
continent (het)	continente (m)	[kõtʃi'nẽtʃi]
eiland (het)	ilha (f)	['iʎa]
schiereiland (het)	península (f)	[pe'nĩsula]
archipel (de)	arquipélago (m)	[arki'pɛlagu]
baai, bocht (de)	baía (f)	[ba'ia]
haven (de)	porto (m)	['portu]
lagune (de)	lagoa (f)	[la'goa]
kaap (de)	cabo (m)	['kabu]
atol (de)	atol (m)	[a'tɔw]
rif (het)	recife (m)	[he'sifi]
koraal (het)	coral (m)	[ko'raw]
koraalrif (het)	recife (m) de coral	[he'sifi de ko'raw]
diep (bn)	profundo	[pro'fũdu]
diepte (de)	profundidade (f)	[profũdʒi'dadʒi]
diepzee (de)	abismo (m)	[a'bizmu]
trog (bijv. Marianentrog)	fossa (f) oceânica	['fɔsa o'sjanika]
stroming (de)	corrente (f)	[ko'hẽtʃi]
omspoelen (ww)	banhar (vt)	[ba'ɲar]
oever (de)	litoral (m)	lito'raw]

kust (de)	costa (f)	['kɔsta]
vloed (de)	maré (f) alta	[ma'rɛ 'awta]
eb (de)	refluxo (m)	[he'fluksu]
ondiepte (ondiep water)	restinga (f)	[hes'tʃĩga]
bodem (de)	fundo (m)	['fũdu]
golf (hoge ~)	onda (f)	['õda]
golfkam (de)	crista (f) da onda	['krista da 'õda]
schuim (het)	espuma (f)	[is'puma]
storm (de)	tempestade (f)	[tẽpes'tadʒi]
orkaan (de)	furacão (m)	[fura'kãw]
tsunami (de)	tsunami (m)	[tsu'nami]
windstilte (de)	calmaria (f)	[kawma'ria]
kalm (bijv. ~e zee)	calmo	['kawmu]
pool (de)	polo (m)	['pɔlu]
polair (bn)	polar	[po'lar]
breedtegraad (de)	latitude (f)	[latʃi'tudʒi]
lengtegraad (de)	longitude (f)	[lõʒi'tudʒi]
parallel (de)	paralela (f)	[para'lɛla]
evenaar (de)	equador (m)	[ekwa'dor]
hemel (de)	céu (m)	[sɛw]
horizon (de)	horizonte (m)	[ori'zõtʃi]
lucht (de)	ar (m)	[ar]
vuurtoren (de)	farol (m)	[fa'rɔw]
duiken (ww)	mergulhar (vi)	[mergu'ʎar]
zinken (ov. een boot)	afundar-se (vr)	[afũ'darse]
schatten (mv.)	tesouros (m pl)	[te'zorus]

126. Namen van zeeën en oceanen

Atlantische Oceaan (de)	Oceano (m) Atlântico	[o'sjanu at'lãtʃiku]
Indische Oceaan (de)	Oceano (m) Índico	[o'sjanu 'ĩdiku]
Stille Oceaan (de)	Oceano (m) Pacífico	[o'sjanu pa'sifiku]
Noordelijke IJszee (de)	Oceano (m) Ártico	[o'sjanu 'artʃiku]
Zwarte Zee (de)	Mar (m) Negro	[mah 'negru]
Rode Zee (de)	Mar (m) Vermelho	[mah ver'meʎu]
Gele Zee (de)	Mar (m) Amarelo	[mah ama'rɛlu]
Witte Zee (de)	Mar (m) Branco	[mah 'brãku]
Kaspische Zee (de)	Mar (m) Cáspio	[mah 'kaspju]
Dode Zee (de)	Mar (m) Morto	[mah 'mortu]
Middellandse Zee (de)	Mar (m) Mediterrâneo	[mah medʒite'hanju]
Egeïsche Zee (de)	Mar (m) Egeu	[mah e'ʒew]
Adriatische Zee (de)	Mar (m) Adriático	[mah a'drjatʃiku]
Arabische Zee (de)	Mar (m) Arábico	[mah a'rabiku]
Japanse Zee (de)	Mar (m) do Japão	[mah du ʒa'pãw]

Beringzee (de)	Mar (m) de Bering	[mah de berĩgi]
Zuid-Chinese Zee (de)	Mar (m) da China Meridional	[mah da 'ʃina meridʒjo'naw]
Koraalzee (de)	Mar (m) de Coral	[mah de ko'raw]
Tasmanzee (de)	Mar (m) de Tasman	[mah de tazman]
Caribische Zee (de)	Mar (m) do Caribe	[mah du ka'ribi]
Barentszzee (de)	Mar (m) de Barents	[mah de barẽts]
Karische Zee (de)	Mar (m) de Kara	[mah de 'kara]
Noordzee (de)	Mar (m) do Norte	[mah du 'nɔrtʃi]
Baltische Zee (de)	Mar (m) Báltico	[mah 'bawtʃiku]
Noorse Zee (de)	Mar (m) da Noruega	[mah da nor'wɛga]

127. Bergen

berg (de)	montanha (f)	[mõ'taɲa]
bergketen (de)	cordilheira (f)	[kordʒi'ʎejra]
gebergte (het)	serra (f)	['sɛha]
bergtop (de)	cume (m)	['kumi]
bergpiek (de)	pico (m)	['piku]
voet (ov. de berg)	pé (m)	[pɛ]
helling (de)	declive (m)	[de'klivi]
vulkaan (de)	vulcão (m)	[vuw'kãw]
actieve vulkaan (de)	vulcão (m) ativo	[vuw'kãw a'tʃivu]
uitgedoofde vulkaan (de)	vulcão (m) extinto	[vuw'kãw is'tʃĩtu]
uitbarsting (de)	erupção (f)	[erup'sãw]
krater (de)	cratera (f)	[kra'tɛra]
magma (het)	magma (m)	['magma]
lava (de)	lava (f)	['lava]
gloeiend (~e lava)	fundido	[fũ'dʒidu]
kloof (canyon)	cânion, desfiladeiro (m)	['kanjon], [dʒisfila'dejru]
bergkloof (de)	garganta (f)	[gar'gãta]
spleet (de)	fenda (f)	['fẽda]
afgrond (de)	precipício (m)	[presi'pisju]
bergpas (de)	passo, colo (m)	['pasu], ['kɔlu]
plateau (het)	planalto (m)	[pla'nawtu]
klip (de)	falésia (f)	[fa'lɛzja]
heuvel (de)	colina (f)	[ko'lina]
gletsjer (de)	geleira (f)	[ʒe'lejra]
waterval (de)	cachoeira (f)	[kaʃ'wejra]
geiser (de)	gêiser (m)	['ʒɛjzer]
meer (het)	lago (m)	['lagu]
vlakte (de)	planície (f)	[pla'nisi]
landschap (het)	paisagem (f)	[paj'zaʒẽ]
echo (de)	eco (m)	['ɛku]
alpinist (de)	alpinista (m)	[awpi'nista]

bergbeklimmer (de)	escalador (m)	[iskala'dor]
trotseren (berg ~)	conquistar (vt)	[kõkis'tar]
beklimming (de)	subida, escalada (f)	[su'bida], [iska'lada]

128. Bergen namen

Alpen (de)	Alpes (m pl)	['awpis]
Mont Blanc (de)	Monte Branco (m)	['mõtʃi 'brãku]
Pyreneeën (de)	Pirineus (m pl)	[piri'news]

Karpaten (de)	Cárpatos (m pl)	['karpatus]
Oeralgebergte (het)	Urais (m pl)	[u'rajs]
Kaukasus (de)	Cáucaso (m)	['kawkazu]
Elbroes (de)	Elbrus (m)	[el'brus]

Altaj (de)	Altai (m)	[al'taj]
Tiensjan (de)	Tian Shan (m)	[tjan ʃan]
Pamir (de)	Pamir (m)	[pa'mir]
Himalaya (de)	Himalaia (m)	[ima'laja]
Everest (de)	monte Everest (m)	['mõtʃi eve'rest]

| Andes (de) | Cordilheira (f) dos Andes | [kordʒi'ʎejra dus 'ãdʒis] |
| Kilimanjaro (de) | Kilimanjaro (m) | [kilimã'ʒaru] |

129. Rivieren

rivier (de)	rio (m)	['hiu]
bron (~ van een rivier)	fonte, nascente (f)	['fõtʃi], [na'sẽtʃi]
rivierbedding (de)	leito (m) de rio	['lejtu de 'hiu]
rivierbekken (het)	bacia (f)	[ba'sia]
uitmonden in ...	desaguar no ...	[dʒiza'gwar nu]

| zijrivier (de) | afluente (m) | [a'flwẽtʃi] |
| oever (de) | margem (f) | ['marʒẽ] |

stroming (de)	corrente (f)	[ko'hẽtʃi]
stroomafwaarts (bw)	rio abaixo	['hiu a'baɪʃu]
stroomopwaarts (bw)	rio acima	['hiu a'sima]

overstroming (de)	inundação (f)	[ĩtrodu'sãw]
overstroming (de)	cheia (f)	['ʃeja]
buiten zijn oevers treden	transbordar (vi)	[trãzbor'dar]
overstromen (ww)	inundar (vt)	[inũ'dar]

| zandbank (de) | banco (m) de areia | ['bãku de a'reja] |
| stroomversnelling (de) | corredeira (f) | [kohe'dejra] |

dam (de)	barragem (f)	[ba'haʒẽ]
kanaal (het)	canal (m)	[ka'naw]
spaarbekken (het)	reservatório (m) de água	[hezerva'tɔrju de 'agwa]
sluis (de)	eclusa (f)	[e'kluza]
waterlichaam (het)	corpo (m) de água	['korpu de 'agwa]

moeras (het)	pântano (m)	['pãtanu]
broek (het)	lamaçal (m)	[lama'saw]
draaikolk (de)	rodamoinho (m)	[hodamo'iɲu]
stroom (de)	riacho (m)	['hjaʃu]
drink- (abn)	potável	[po'tavew]
zoet (~ water)	doce	['dosi]
ijs (het)	gelo (m)	['ʒelu]
bevriezen (rivier, enz.)	congelar-se (vr)	[kõʒe'larsi]

130. Namen van rivieren

Seine (de)	rio Sena (m)	['hiu 'sɛna]
Loire (de)	rio Loire (m)	['hiu lu'ar]
Theems (de)	rio Tâmisa (m)	['hiu 'tamiza]
Rijn (de)	rio Reno (m)	['hiu 'henu]
Donau (de)	rio Danúbio (m)	['hiu da'nubju]
Wolga (de)	rio Volga (m)	['hiu 'vɔlga]
Don (de)	rio Don (m)	['hiu dɔn]
Lena (de)	rio Lena (m)	['hiu 'lena]
Gele Rivier (de)	rio Amarelo (m)	['hiu ama'rɛlu]
Blauwe Rivier (de)	rio Yangtzé (m)	['hiu jã'gtzɛ]
Mekong (de)	rio Mekong (m)	['hiu mi'kõg]
Ganges (de)	rio Ganges (m)	['hiu 'gændʒi:z]
Nijl (de)	rio Nilo (m)	['hiu 'nilu]
Kongo (de)	rio Congo (m)	['hiu 'kõgu]
Okavango (de)	rio Cubango (m)	['hiu ku'bãgu]
Zambezi (de)	rio Zambeze (m)	['hiu zã'bezi]
Limpopo (de)	rio Limpopo (m)	['hiu lĩ'popu]
Mississippi (de)	rio Mississippi (m)	['hiu misi'sipi]

131. Bos

bos (het)	floresta (f), bosque (m)	[flo'rɛsta], ['bɔski]
bos- (abn)	florestal	[flores'taw]
oerwoud (dicht bos)	mata (f) fechada	['mata fe'ʃada]
bosje (klein bos)	arvoredo (m)	[arvo'redu]
open plek (de)	clareira (f)	[kla'rejra]
struikgewas (het)	matagal (m)	[mata'gaw]
struiken (mv.)	mato (m), caatinga (f)	['matu], [ka'tʃĩga]
paadje (het)	trilha, vereda (f)	['triʎa], [ve'reda]
ravijn (het)	ravina (f)	[ha'vina]
boom (de)	árvore (f)	['arvori]
blad (het)	folha (f)	['foʎa]

gebladerte (het)	folhagem (f)	[foˈʎaʒẽ]
vallende bladeren (mv.)	queda (f) das folhas	[ˈkɛda das ˈfoʎas]
vallen (ov. de bladeren)	cair (vi)	[kaˈir]
boomtop (de)	topo (m)	[ˈtopu]
tak (de)	ramo (m)	[ˈhamu]
ent (de)	galho (m)	[ˈgaʎu]
knop (de)	botão (m)	[boˈtãw]
naald (de)	agulha (f)	[aˈguʎa]
dennenappel (de)	pinha (f)	[ˈpiɲa]
boom holte (de)	buraco (m) de árvore	[buˈraku de ˈarvori]
nest (het)	ninho (m)	[ˈniɲu]
hol (het)	toca (f)	[ˈtɔka]
stam (de)	tronco (m)	[ˈtrõku]
wortel (bijv. boom~s)	raiz (f)	[haˈiz]
schors (de)	casca (f) de árvore	[ˈkaska de ˈarvori]
mos (het)	musgo (m)	[ˈmuzgu]
ontwortelen (een boom)	arrancar pela raiz	[ahãˈkar ˈpɛla haˈiz]
kappen (een boom ~)	cortar (vt)	[korˈtar]
ontbossen (ww)	desflorestar (vt)	[dʒisfloresˈtar]
stronk (de)	toco, cepo (m)	[ˈtoku], [ˈsepu]
kampvuur (het)	fogueira (f)	[foˈgejra]
bosbrand (de)	incêndio (m) florestal	[ĩˈsẽdʒju floresˈtaw]
blussen (ww)	apagar (vt)	[apaˈgar]
boswachter (de)	guarda-parque (m)	[ˈgwarda ˈparki]
bescherming (de)	proteção (f)	[proteˈsãw]
beschermen (bijv. de natuur ~)	proteger (vt)	[proteˈʒer]
stroper (de)	caçador (m) furtivo	[kasaˈdor furˈtʃivu]
val (de)	armadilha (f)	[armaˈdʒiʎa]
plukken (vruchten, enz.)	colher (vt)	[koˈʎer]
verdwalen (de weg kwijt zijn)	perder-se (vr)	[perˈdersi]

132. Natuurlijke hulpbronnen

natuurlijke rijkdommen (mv.)	recursos (m pl) naturais	[heˈkursus natuˈrajs]
delfstoffen (mv.)	minerais (m pl)	[mineˈrajs]
lagen (mv.)	depósitos (m pl)	[deˈpozitus]
veld (bijv. olie~)	jazida (f)	[ʒaˈzida]
winnen (uit erts ~)	extrair (vt)	[istraˈjir]
winning (de)	extração (f)	[istraˈsãw]
erts (het)	minério (m)	[miˈnɛrju]
mijn (bijv. kolenmijn)	mina (f)	[ˈmina]
mijnschacht (de)	poço (m) de mina	[ˈposu de ˈmina]
mijnwerker (de)	mineiro (m)	[miˈnejru]
gas (het)	gás (m)	[gajs]
gasleiding (de)	gasoduto (m)	[gazoˈdutu]

olie (aardolie)	petróleo (m)	[pe'trɔlju]
olieleiding (de)	oleoduto (m)	[oljo'dutu]
oliebron (de)	poço (m) de petróleo	['posu de pe'trɔlju]
boortoren (de)	torre (f) petrolífera	['tohi petro'lifera]
tanker (de)	petroleiro (m)	[petro'lejru]

zand (het)	areia (f)	[a'reja]
kalksteen (de)	calcário (m)	[kaw'karju]
grind (het)	cascalho (m)	[kas'kaʎu]
veen (het)	turfa (f)	['turfa]
klei (de)	argila (f)	[ar'ʒila]
steenkool (de)	carvão (m)	[kar'vãw]

ijzer (het)	ferro (m)	['fɛhu]
goud (het)	ouro (m)	['oru]
zilver (het)	prata (f)	['prata]
nikkel (het)	níquel (m)	['nikew]
koper (het)	cobre (m)	['kɔbri]

zink (het)	zinco (m)	['zĩku]
mangaan (het)	manganês (m)	[mãga'nes]
kwik (het)	mercúrio (m)	[mer'kurju]
lood (het)	chumbo (m)	['ʃũbu]

mineraal (het)	mineral (m)	[mine'raw]
kristal (het)	cristal (m)	[kris'taw]
marmer (het)	mármore (m)	['marmori]
uraan (het)	urânio (m)	[u'ranju]

De Aarde. Deel 2

133. Weer

weer (het)	tempo (m)	['tẽpu]
weersvoorspelling (de)	previsão (f) do tempo	[previ'zãw du 'tẽpu]
temperatuur (de)	temperatura (f)	[tẽpera'tura]
thermometer (de)	termômetro (m)	[ter'mometru]
barometer (de)	barômetro (m)	[ba'rometru]
vochtig (bn)	úmido	['umidu]
vochtigheid (de)	umidade (f)	[umi'dadʒi]
hitte (de)	calor (m)	[ka'lor]
heet (bn)	tórrido	['tɔhidu]
het is heet	está muito calor	[is'ta 'mwĩtu ka'lor]
het is warm	está calor	[is'ta ka'lor]
warm (bn)	quente	['kẽtʃi]
het is koud	está frio	[is'ta 'friu]
koud (bn)	frio	['friu]
zon (de)	sol (m)	[sɔw]
schijnen (de zon)	brilhar (vi)	[bri'ʎar]
zonnig (~e dag)	de sol, ensolarado	[de sɔw], [ẽsola'radu]
opgaan (ov. de zon)	nascer (vi)	[na'ser]
ondergaan (ww)	pôr-se (vr)	['porsi]
wolk (de)	nuvem (f)	['nuvẽj]
bewolkt (bn)	nublado	[nu'bladu]
regenwolk (de)	nuvem (f) preta	['nuvẽj 'preta]
somber (bn)	escuro	[is'kuru]
regen (de)	chuva (f)	['ʃuva]
het regent	está a chover	[is'ta a ʃo'ver]
regenachtig (bn)	chuvoso	[ʃu'vozu]
motregenen (ww)	chuviscar (vi)	[ʃuvis'kar]
plensbui (de)	chuva (f) torrencial	['ʃuva tohẽ'sjaw]
stortbui (de)	aguaceiro (m)	[agwa'sejru]
hard (bn)	forte	['fortʃi]
plas (de)	poça (f)	['posa]
nat worden (ww)	molhar-se (vr)	[mo'ʎarsi]
mist (de)	nevoeiro (m)	[nevo'ejru]
mistig (bn)	de nevoeiro	[de nevu'ejru]
sneeuw (de)	neve (f)	['nɛvi]
het sneeuwt	está nevando	[is'ta ne'vãdu]

134. Zwaar weer. Natuurrampen

noodweer (storm)	trovoada (f)	[tro'vwada]
bliksem (de)	relâmpago (m)	[he'lãpagu]
flitsen (ww)	relampejar (vi)	[helãpe'ʒar]

donder (de)	trovão (m)	[tro'vãw]
donderen (ww)	trovejar (vi)	[trove'ʒar]
het dondert	está trovejando	[is'ta trove'ʒãdu]

hagel (de)	granizo (m)	[gra'nizu]
het hagelt	está caindo granizo	[is'ta ka'idu gra'nizu]

overstromen (ww)	inundar (vt)	[inũ'dar]
overstroming (de)	inundação (f)	[ĩtrodu'sãw]

aardbeving (de)	terremoto (m)	[tehe'mɔtu]
aardschok (de)	abalo, tremor (m)	[a'balu], [tre'mor]
epicentrum (het)	epicentro (m)	[epi'sẽtru]

uitbarsting (de)	erupção (f)	[erup'sãw]
lava (de)	lava (f)	['lava]

wervelwind (de)	tornado (m)	[tor'nadu]
windhoos (de)	tornado (m)	[tor'nadu]
tyfoon (de)	tufão (m)	[tu'fãw]

orkaan (de)	furacão (m)	[fura'kãw]
storm (de)	tempestade (f)	[tẽpes'tadʒi]
tsunami (de)	tsunami (m)	[tsu'nami]

cycloon (de)	ciclone (m)	[si'klɔni]
onweer (het)	mau tempo (m)	[maw 'tẽpu]
brand (de)	incêndio (m)	[ĩ'sẽdʒju]
ramp (de)	catástrofe (f)	[ka'tastrofi]
meteoriet (de)	meteorito (m)	[meteo'ritu]

lawine (de)	avalanche (f)	[ava'lãʃi]
sneeuwverschuiving (de)	deslizamento (m) de neve	[dʒizliza'mẽtu de 'nɛvi]
sneeuwjacht (de)	nevasca (f)	[ne'vaska]
sneeuwstorm (de)	tempestade (f) de neve	[tẽpes'tadʒi de 'nɛvi]

Fauna

135. Zoogdieren. Roofdieren

roofdier (het)	predador (m)	[preda'dor]
tijger (de)	tigre (m)	['tʃigri]
leeuw (de)	leão (m)	[le'ãw]
wolf (de)	lobo (m)	['lobu]
vos (de)	raposa (f)	[ha'pozu]
jaguar (de)	jaguar (m)	[ʒa'gwar]
luipaard (de)	leopardo (m)	[ljo'pardu]
jachtluipaard (de)	chita (f)	['ʃita]
panter (de)	pantera (f)	[pã'tɛra]
poema (de)	puma (m)	['puma]
sneeuwluipaard (de)	leopardo-das-neves (m)	[ljo'pardu das 'nɛvis]
lynx (de)	lince (m)	['lĩsi]
coyote (de)	coiote (m)	[ko'jɔtʃi]
jakhals (de)	chacal (m)	[ʃa'kaw]
hyena (de)	hiena (f)	['jena]

136. Wilde dieren

dier (het)	animal (m)	[ani'maw]
beest (het)	besta (f)	['bɛsta]
eekhoorn (de)	esquilo (m)	[is'kilu]
egel (de)	ouriço (m)	[o'risu]
haas (de)	lebre (f)	['lɛbri]
konijn (het)	coelho (m)	[ko'eʎu]
das (de)	texugo (m)	[te'ʃugu]
wasbeer (de)	guaxinim (m)	[gwaʃi'nĩ]
hamster (de)	hamster (m)	['amster]
marmot (de)	marmota (f)	[mah'mɔta]
mol (de)	toupeira (f)	[to'pejra]
muis (de)	rato (m)	['hatu]
rat (de)	ratazana (f)	[hata'zana]
vleermuis (de)	morcego (m)	[mor'segu]
hermelijn (de)	arminho (m)	[ar'miɲu]
sabeldier (het)	zibelina (f)	[zibe'lina]
marter (de)	marta (f)	['mahta]
wezel (de)	doninha (f)	[dɔ'niɲa]
nerts (de)	visom (m)	[vi'zõ]

bever (de)	castor (m)	[kas'tor]
otter (de)	lontra (f)	['lõtra]

paard (het)	cavalo (m)	[ka'valu]
eland (de)	alce (m)	['awsi]
hert (het)	veado (m)	['vjadu]
kameel (de)	camelo (m)	[ka'melu]

bizon (de)	bisão (m)	[bi'zãw]
wisent (de)	auroque (m)	[aw'rɔki]
buffel (de)	búfalo (m)	['bufalu]

zebra (de)	zebra (f)	['zebra]
antilope (de)	antílope (m)	[ã'tʃilopi]
ree (de)	corça (f)	['korsa]
damhert (het)	gamo (m)	['gamu]
gems (de)	camurça (f)	[ka'mursa]
everzwijn (het)	javali (m)	[ʒava'li]

walvis (de)	baleia (f)	[ba'leja]
rob (de)	foca (f)	['fɔka]
walrus (de)	morsa (f)	['mɔhsa]
zeebeer (de)	urso-marinho (m)	['ursu ma'riɲu]
dolfijn (de)	golfinho (m)	[gow'fiɲu]

beer (de)	urso (m)	['ursu]
ijsbeer (de)	urso (m) polar	['ursu po'lar]
panda (de)	panda (m)	['pãda]

aap (de)	macaco (m)	[ma'kaku]
chimpansee (de)	chimpanzé (m)	[ʃĩpã'zɛ]
orang-oetan (de)	orangotango (m)	[orãgu'tãgu]
gorilla (de)	gorila (m)	[go'rila]
makaak (de)	macaco (m)	[ma'kaku]
gibbon (de)	gibão (m)	[ʒi'bãw]

olifant (de)	elefante (m)	[ele'fãtʃi]
neushoorn (de)	rinoceronte (m)	[hinose'rõtʃi]
giraffe (de)	girafa (f)	[ʒi'rafa]
nijlpaard (het)	hipopótamo (m)	[ipo'pɔtamu]

kangoeroe (de)	canguru (m)	[kãgu'ru]
koala (de)	coala (m)	['kwala]

mangoest (de)	mangusto (m)	[mã'gustu]
chinchilla (de)	chinchila (f)	[ʃĩ'ʃila]
stinkdier (het)	cangambá (f)	[kã'gãba]
stekelvarken (het)	porco-espinho (m)	['pɔrku is'piɲu]

137. Huisdieren

poes (de)	gata (f)	['gata]
kater (de)	gato (m) macho	['gatu 'maʃu]
hond (de)	cão (m)	['kãw]

paard (het)	cavalo (m)	[ka'valu]
hengst (de)	garanhão (m)	[gara'ɲãw]
merrie (de)	égua (f)	['ɛgwa]
koe (de)	vaca (f)	['vaka]
bul, stier (de)	touro (m)	['toru]
os (de)	boi (m)	[boj]
schaap (het)	ovelha (f)	[o'veʎa]
ram (de)	carneiro (m)	[kar'nejru]
geit (de)	cabra (f)	['kabra]
bok (de)	bode (m)	['bɔdʒi]
ezel (de)	burro (m)	['buhu]
muilezel (de)	mula (f)	['mula]
varken (het)	porco (m)	['porku]
biggetje (het)	leitão (m)	[lej'tãw]
konijn (het)	coelho (m)	[ko'eʎu]
kip (de)	galinha (f)	[ga'liɲa]
haan (de)	galo (m)	['galu]
eend (de)	pata (f)	['pata]
woerd (de)	pato (m)	['patu]
gans (de)	ganso (m)	['gãsu]
kalkoen haan (de)	peru (m)	[pe'ru]
kalkoen (de)	perua (f)	[pe'rua]
huisdieren (mv.)	animais (m pl) domésticos	[ani'majs do'mɛstʃikus]
tam (bijv. hamster)	domesticado	[domestʃi'kadu]
temmen (tam maken)	domesticar (vt)	[domestʃi'kar]
fokken (bijv. paarden ~)	criar (vt)	[krjar]
boerderij (de)	fazenda (f)	[fa'zẽda]
gevogelte (het)	aves (f pl) domésticas	['avis do'mɛstʃikas]
rundvee (het)	gado (m)	['gadu]
kudde (de)	rebanho (m), manada (f)	[he'baɲu], [ma'nada]
paardenstal (de)	estábulo (m)	[is'tabulu]
zwijnenstal (de)	chiqueiro (m)	[ʃi'kejru]
koeienstal (de)	estábulo (m)	[is'tabulu]
konijnenhok (het)	coelheira (f)	[kue'ʎejra]
kippenhok (het)	galinheiro (m)	[gali'ɲejru]

138. Vogels

vogel (de)	pássaro (m), ave (f)	['pasaru], ['avi]
duif (de)	pombo (m)	['põbu]
mus (de)	pardal (m)	[par'daw]
koolmees (de)	chapim-real (m)	[ʃa'pĩ-he'aw]
ekster (de)	pega-rabuda (f)	['pega-ha'buda]
raaf (de)	corvo (m)	['korvu]

Nederlands	Portugees	Uitspraak
kraai (de)	gralha-cinzenta (f)	['graʎa sĩ'zẽta]
kauw (de)	gralha-de-nuca-cinzenta (f)	['graʎa de 'nuka sĩ'zẽta]
roek (de)	gralha-calva (f)	['graʎa 'kawvu]
eend (de)	pato (m)	['patu]
gans (de)	ganso (m)	['gãsu]
fazant (de)	faisão (m)	[faj'zãw]
arend (de)	águia (f)	['agja]
havik (de)	açor (m)	[a'sor]
valk (de)	falcão (m)	[faw'kãw]
gier (de)	abutre (m)	[a'butri]
condor (de)	condor (m)	[kõ'dor]
zwaan (de)	cisne (m)	['sizni]
kraanvogel (de)	grou (m)	[grow]
ooievaar (de)	cegonha (f)	[se'goɲa]
papegaai (de)	papagaio (m)	[papa'gaju]
kolibrie (de)	beija-flor (m)	[bejʒa'flɔr]
pauw (de)	pavão (m)	[pa'vãw]
struisvogel (de)	avestruz (m)	[aves'truz]
reiger (de)	garça (f)	['garsa]
flamingo (de)	flamingo (m)	[fla'mĩgu]
pelikaan (de)	pelicano (m)	[peli'kanu]
nachtegaal (de)	rouxinol (m)	[hoʃi'nɔw]
zwaluw (de)	andorinha (f)	[ãdo'riɲa]
lijster (de)	tordo-zornal (m)	['tɔrdu-zor'nal]
zanglijster (de)	tordo-músico (m)	['tɔrdu-'muziku]
merel (de)	melro-preto (m)	['mɛwhu 'pretu]
gierzwaluw (de)	andorinhão (m)	[ãdori'ɲãw]
leeuwerik (de)	laverca, cotovia (f)	[la'verka], [kutu'via]
kwartel (de)	codorna (f)	[ko'dɔrna]
specht (de)	pica-pau (m)	['pika 'paw]
koekoek (de)	cuco (m)	['kuku]
uil (de)	coruja (f)	[ko'ruʒa]
oehoe (de)	bufo-real (m)	['bufu-he'aw]
auerhoen (het)	tetraz-grande (m)	[tɛ'tras-'grãdʒi]
korhoen (het)	tetraz-lira (m)	[tɛ'tras-'lira]
patrijs (de)	perdiz-cinzenta (f)	[per'dis sĩ'zẽta]
spreeuw (de)	estorninho (m)	[istor'niɲu]
kanarie (de)	canário (m)	[ka'narju]
hazelhoen (het)	galinha-do-mato (f)	[ga'liɲa du 'matu]
vink (de)	tentilhão (m)	[tẽtʃi'ʎãw]
goudvink (de)	dom-fafe (m)	[dõ'fafi]
meeuw (de)	gaivota (f)	[gaj'vɔta]
albatros (de)	albatroz (m)	[alba'trɔs]
pinguïn (de)	pinguim (m)	[pĩ'gwĩ]

139. Vis. Zeedieren

brasem (de)	brema (f)	['brema]
karper (de)	carpa (f)	['karpa]
baars (de)	perca (f)	['pehka]
meerval (de)	siluro (m)	[si'luru]
snoek (de)	lúcio (m)	['lusju]
zalm (de)	salmão (m)	[saw'mãw]
steur (de)	esturjão (m)	[istur'ʒãw]
haring (de)	arenque (m)	[a'rẽki]
atlantische zalm (de)	salmão (m) do Atlântico	[saw'mãw du at'lãtʃiku]
makreel (de)	cavala, sarda (f)	[ka'vala], ['sarda]
platvis (de)	solha (f), linguado (m)	['soʎa], [lĩ'gwadu]
snoekbaars (de)	lúcio perca (m)	['lusju 'perka]
kabeljauw (de)	bacalhau (m)	[baka'ʎaw]
tonijn (de)	atum (m)	[a'tũ]
forel (de)	truta (f)	['truta]
paling (de)	enguia (f)	[ẽ'gia]
sidderrog (de)	raia (f) elétrica	['haja e'lɛtrika]
murene (de)	moreia (f)	[mo'reja]
piranha (de)	piranha (f)	[pi'raɲa]
haai (de)	tubarão (m)	[tuba'rãw]
dolfijn (de)	golfinho (m)	[gow'fiɲu]
walvis (de)	baleia (f)	[ba'leja]
krab (de)	caranguejo (m)	[karã'geʒu]
kwal (de)	água-viva (f)	['agwa 'viva]
octopus (de)	polvo (m)	['powvu]
zeester (de)	estrela-do-mar (f)	[is'trela du 'mar]
zee-egel (de)	ouriço-do-mar (m)	[o'risu du 'mar]
zeepaardje (het)	cavalo-marinho (m)	[ka'valu ma'riɲu]
oester (de)	ostra (f)	['ostra]
garnaal (de)	camarão (m)	[kama'rãw]
kreeft (de)	lagosta (f)	[la'gosta]
langoest (de)	lagosta (f)	[la'gosta]

140. Amfibieën. Reptielen

slang (de)	cobra (f)	['kɔbra]
giftig (slang)	venenoso	[vene'nozu]
adder (de)	víbora (f)	['vibora]
cobra (de)	naja (f)	['naʒa]
python (de)	píton (m)	['pitɔn]
boa (de)	jiboia (f)	[ʒi'bɔja]
ringslang (de)	cobra-de-água (f)	[kɔbra de 'agwa]

ratelslang (de)	cascavel (f)	[kaska'vɛw]
anaconda (de)	anaconda, sucuri (f)	[ana'kõda], [sukuri]
hagedis (de)	lagarto (m)	[la'gartu]
leguaan (de)	iguana (f)	[i'gwana]
varaan (de)	varano (m)	[va'ranu]
salamander (de)	salamandra (f)	[sala'mãdra]
kameleon (de)	camaleão (m)	[kamale'ãu]
schorpioen (de)	escorpião (m)	[iskorpi'ãw]
schildpad (de)	tartaruga (f)	[tarta'ruga]
kikker (de)	rã (f)	[hã]
pad (de)	sapo (m)	['sapu]
krokodil (de)	crocodilo (m)	[kroko'dʒilu]

141. Insecten

insect (het)	inseto (m)	[ĩ'sɛtu]
vlinder (de)	borboleta (f)	[borbo'leta]
mier (de)	formiga (f)	[for'miga]
vlieg (de)	mosca (f)	['moska]
mug (de)	mosquito (m)	[mos'kitu]
kever (de)	escaravelho (m)	[iskara'veʎu]
wesp (de)	vespa (f)	['vespa]
bij (de)	abelha (f)	[a'beʎa]
hommel (de)	mamangaba (f)	[mamã'gaba]
horzel (de)	moscardo (m)	[mos'kardu]
spin (de)	aranha (f)	[a'raɲa]
spinnenweb (het)	teia (f) de aranha	['teja de a'raɲa]
libel (de)	libélula (f)	[li'bɛlula]
sprinkhaan (de)	gafanhoto (m)	[gafa'ɲotu]
nachtvlinder (de)	traça (f)	['trasa]
kakkerlak (de)	barata (f)	[ba'rata]
teek (de)	carrapato (m)	[kaha'patu]
vlo (de)	pulga (f)	['puwga]
kriebelmug (de)	borrachudo (m)	[boha'ʃudu]
treksprinkhaan (de)	gafanhoto-migratório (m)	[gafa'ɲotu-migra'tɔrju]
slak (de)	caracol (m)	[kara'kɔw]
krekel (de)	grilo (m)	['grilu]
glimworm (de)	pirilampo, vaga-lume (m)	[piri'lãpu], [vaga-'lumi]
lieveheersbeestje (het)	joaninha (f)	[ʒwa'niɲa]
meikever (de)	besouro (m)	[be'zoru]
bloedzuiger (de)	sanguessuga (f)	[sãgi'suga]
rups (de)	lagarta (f)	[la'garta]
aardworm (de)	minhoca (f)	[mi'ɲɔka]
larve (de)	larva (f)	['larva]

Flora

142. Bomen

boom (de)	árvore (f)	['arvori]
loof- (abn)	decídua	[de'sidwa]
dennen- (abn)	conífera	[ko'nifera]
groenblijvend (bn)	perene	[pe'rɛni]
appelboom (de)	macieira (f)	[ma'sjejra]
perenboom (de)	pereira (f)	[pe'rejra]
zoete kers (de)	cerejeira (f)	[sere'ʒejra]
zure kers (de)	ginjeira (f)	[ʒĩ'ʒejra]
pruimelaar (de)	ameixeira (f)	[amej'ʃejra]
berk (de)	bétula (f)	['bɛtula]
eik (de)	carvalho (m)	[kar'vaʎu]
linde (de)	tília (f)	['tʃilja]
esp (de)	choupo-tremedor (m)	['ʃopu-treme'dor]
esdoorn (de)	bordo (m)	['bɔrdu]
spar (de)	espruce (m)	[is'pruse]
den (de)	pinheiro (m)	[pi'ɲejru]
lariks (de)	alerce, lariço (m)	[a'lɛrse], [la'risu]
zilverspar (de)	abeto (m)	[a'bɛtu]
ceder (de)	cedro (m)	['sɛdru]
populier (de)	choupo, álamo (m)	['ʃopu], ['alamu]
lijsterbes (de)	tramazeira (f)	[trama'zejra]
wilg (de)	salgueiro (m)	[saw'gejru]
els (de)	amieiro (m)	[a'mjejru]
beuk (de)	faia (f)	['faja]
iep (de)	ulmeiro, olmo (m)	[ul'mejru], ['ɔwmu]
es (de)	freixo (m)	['frejʃu]
kastanje (de)	castanheiro (m)	[kasta'ɲejru]
magnolia (de)	magnólia (f)	[mag'nɔlja]
palm (de)	palmeira (f)	[paw'mejra]
cipres (de)	cipreste (m)	[si'prɛstʃi]
mangrove (de)	mangue (m)	['mãgi]
baobab (apenbroodboom)	embondeiro, baobá (m)	[ẽbõ'dejru], [bao'ba]
eucalyptus (de)	eucalipto (m)	[ewka'liptu]
mammoetboom (de)	sequoia (f)	[se'kwɔja]

143. Heesters

struik (de)	arbusto (m)	[ar'bustu]
heester (de)	arbusto (m), moita (f)	[ar'bustu], ['mɔjta]

wijnstok (de)	videira (f)	[vi'dejra]
wijngaard (de)	vinhedo (m)	[vi'ɲedu]
frambozenstruik (de)	framboeseira (f)	[frãboe'zejra]
zwarte bes (de)	groselheira-negra (f)	[groze'ʎejra 'negra]
rode bessenstruik (de)	groselheira-vermelha (f)	[grozɛ'ʎejra ver'meʎa]
kruisbessenstruik (de)	groselheira (f) espinhosa	[groze'ʎejra ispi'ɲoza]
acacia (de)	acácia (f)	[a'kasja]
zuurbes (de)	bérberis (f)	['bɛrberis]
jasmijn (de)	jasmim (m)	[ʒaz'mĩ]
jeneverbes (de)	junípero (m)	[ʒu'niperu]
rozenstruik (de)	roseira (f)	[ho'zejra]
hondsroos (de)	roseira (f) brava	[ho'zejra 'brava]

144. Vruchten. Bessen

vrucht (de)	fruta (f)	['fruta]
vruchten (mv.)	frutas (f pl)	['frutas]
appel (de)	maçã (f)	[ma'sã]
peer (de)	pera (f)	['pera]
pruim (de)	ameixa (f)	[a'mejʃa]
aardbei (de)	morango (m)	[mo'rãgu]
zure kers (de)	ginja (f)	['ʒĩʒa]
zoete kers (de)	cereja (f)	[se'reʒa]
druif (de)	uva (f)	['uva]
framboos (de)	framboesa (f)	[frãbo'eza]
zwarte bes (de)	groselha (f) negra	[gro'zɛʎa 'negra]
rode bes (de)	groselha (f) vermelha	[[gro'zɛʎa ver'meʎa]
kruisbes (de)	groselha (f) espinhosa	[gro'zɛʎa ispi'ɲoza]
veenbes (de)	oxicoco (m)	[oksi'koku]
sinaasappel (de)	laranja (f)	[la'rãʒa]
mandarijn (de)	tangerina (f)	[tãʒe'rina]
ananas (de)	abacaxi (m)	[abaka'ʃi]
banaan (de)	banana (f)	[ba'nana]
dadel (de)	tâmara (f)	['tamara]
citroen (de)	limão (m)	[li'mãw]
abrikoos (de)	damasco (m)	[da'masku]
perzik (de)	pêssego (m)	['pesegu]
kiwi (de)	quiuí (m)	[ki'vi]
grapefruit (de)	toranja (f)	[to'rãʒa]
bes (de)	baga (f)	['baga]
bessen (mv.)	bagas (f pl)	['bagas]
vossenbes (de)	arando (m) vermelho	[a'rãdu ver'meʎu]
bosaardbei (de)	morango-silvestre (m)	[mo'rãgu siw'vɛstri]
blauwe bosbes (de)	mirtilo (m)	[mih'tʃilu]

145. Bloemen. Planten

bloem (de)	flor (f)	[flɔr]
boeket (het)	buquê (m) de flores	[bu'ke de 'flɔris]

roos (de)	rosa (f)	['hɔza]
tulp (de)	tulipa (f)	[tu'lipa]
anjer (de)	cravo (m)	['kravu]
gladiool (de)	gladíolo (m)	[gla'dʒiolu]

korenbloem (de)	escovinha (f)	[isko'viɲa]
klokje (het)	campainha (f)	[kampa'iɲa]
paardenbloem (de)	dente-de-leão (m)	['dẽtʃi] de le'ãw]
kamille (de)	camomila (f)	[kamo'mila]

aloë (de)	aloé (m)	[alo'ɛ]
cactus (de)	cacto (m)	['kaktu]
ficus (de)	fícus (m)	['fikus]

lelie (de)	lírio (m)	['lirju]
geranium (de)	gerânio (m)	[ʒe'ranju]
hyacint (de)	jacinto (m)	[ʒa'sĩtu]

mimosa (de)	mimosa (f)	[mi'mɔza]
narcis (de)	narciso (m)	[nar'sizu]
Oost-Indische kers (de)	capuchinha (f)	[kapu'ʃiɲa]

orchidee (de)	orquídea (f)	[or'kidʒja]
pioenroos (de)	peônia (f)	[pi'onia]
viooltje (het)	violeta (f)	[vjo'leta]

driekleurig viooltje (het)	amor-perfeito (m)	[a'mor per'fejtu]
vergeet-mij-nietje (het)	não-me-esqueças (m)	['nãw mi is'kesas]
madeliefje (het)	margarida (f)	[marga'rida]

papaver (de)	papoula (f)	[pa'pola]
hennep (de)	cânhamo (m)	['kaɲamu]
munt (de)	hortelã, menta (f)	[orte'lã], ['mẽta]

lelietje-van-dalen (het)	lírio-do-vale (m)	['lirju du 'vali]
sneeuwklokje (het)	campânula-branca (f)	[kã'panula-'brãka]

brandnetel (de)	urtiga (f)	[ur'tʃiga]
veldzuring (de)	azedinha (f)	[aze'dʒinha]
waterlelie (de)	nenúfar (m)	[ne'nufar]
varen (de)	samambaia (f)	[samã'baja]
korstmos (het)	líquen (m)	['likẽ]

oranjerie (de)	estufa (f)	[is'tufa]
gazon (het)	gramado (m)	[gra'madu]
bloemperk (het)	canteiro (m) de flores	[kã'tejru de 'flɔris]

plant (de)	planta (f)	['plãta]
gras (het)	grama (f)	['grama]
grasspriet (de)	folha (f) de grama	['foʎa de 'grama]

blad (het)	folha (f)	['foʎa]
bloemblad (het)	pétala (f)	['pɛtala]
stengel (de)	talo (m)	['talu]
knol (de)	tubérculo (m)	[tu'berkulu]
scheut (de)	broto, rebento (m)	['brotu], [he'bẽtu]
doorn (de)	espinho (m)	[is'piɲu]
bloeien (ww)	florescer (vi)	[flore'ser]
verwelken (ww)	murchar (vi)	[mur'ʃar]
geur (de)	cheiro (m)	['ʃejru]
snijden (bijv. bloemen ~)	cortar (vt)	[kor'tar]
plukken (bloemen ~)	colher (vt)	[ko'ʎer]

146. Granen, graankorrels

graan (het)	grão (m)	['grãw]
graangewassen (mv.)	cereais (m pl)	[se'rjajs]
aar (de)	espiga (f)	[is'piga]
tarwe (de)	trigo (m)	['trigu]
rogge (de)	centeio (m)	[sẽ'teju]
haver (de)	aveia (f)	[a'veja]
gierst (de)	painço (m)	[pa'ĩsu]
gerst (de)	cevada (f)	[se'vada]
maïs (de)	milho (m)	['miʎu]
rijst (de)	arroz (m)	[a'hoz]
boekweit (de)	trigo-sarraceno (m)	['trigu-saha'sẽnu]
erwt (de)	ervilha (f)	[er'viʎa]
nierboon (de)	feijão (m) roxo	[fej'ʒãw 'hoʃu]
soja (de)	soja (f)	['sɔʒa]
linze (de)	lentilha (f)	[lẽ'tʃiʎa]
bonen (mv.)	feijão (m)	[fej'ʒãw]

LANDEN. NATIONALITEITEN

147. West-Europa

Europa (het)	Europa (f)	[ew'rɔpa]
Europese Unie (de)	União (f) Europeia	[u'njãw euro'pɛja]
Oostenrijk (het)	Áustria (f)	['awstrja]
Groot-Brittannië (het)	Grã-Bretanha (f)	[grã-bre'taɲa]
Engeland (het)	Inglaterra (f)	[ĩgla'tɛha]
België (het)	Bélgica (f)	['bɛwʒika]
Duitsland (het)	Alemanha (f)	[ale'mãɲa]
Nederland (het)	Países Baixos (m pl)	[pa'jisis 'baɪʃus]
Holland (het)	Holanda (f)	[o'lãda]
Griekenland (het)	Grécia (f)	['grɛsja]
Denemarken (het)	Dinamarca (f)	[dʒina'marka]
Ierland (het)	Irlanda (f)	[ir'lãda]
IJsland (het)	Islândia (f)	[iz'lãdʒa]
Spanje (het)	Espanha (f)	[is'paɲa]
Italië (het)	Itália (f)	[i'talja]
Cyprus (het)	Chipre (m)	['ʃipri]
Malta (het)	Malta (f)	['mawta]
Noorwegen (het)	Noruega (f)	[nor'wɛga]
Portugal (het)	Portugal (m)	[portu'gaw]
Finland (het)	Finlândia (f)	[fi'lãdʒja]
Frankrijk (het)	França (f)	['frãsa]
Zweden (het)	Suécia (f)	['swɛsja]
Zwitserland (het)	Suíça (f)	['swisa]
Schotland (het)	Escócia (f)	[is'kɔsja]
Vaticaanstad (de)	Vaticano (m)	[vatʃi'kanu]
Liechtenstein (het)	Liechtenstein (m)	[liʃtẽs'tajn]
Luxemburg (het)	Luxemburgo (m)	[luʃẽ'burgu]
Monaco (het)	Mônaco (m)	['monaku]

148. Centraal- en Oost-Europa

Albanië (het)	Albânia (f)	[aw'banja]
Bulgarije (het)	Bulgária (f)	[buw'garja]
Hongarije (het)	Hungria (f)	[ũ'gria]
Letland (het)	Letônia (f)	[le'tonja]
Litouwen (het)	Lituânia (f)	[li'twanja]
Polen (het)	Polônia (f)	[po'lonja]

Roemenië (het)	Romênia (f)	[ho'menja]
Servië (het)	Sérvia (f)	['sɛhvia]
Slowakije (het)	Eslováquia (f)	islɔ'vakja]
Kroatië (het)	Croácia (f)	[kro'asja]
Tsjechië (het)	República (f) Checa	[he'publika 'ʃeka]
Estland (het)	Estônia (f)	[is'tonja]
Bosnië en Herzegovina (het)	Bósnia e Herzegovina (f)	['bɔsnia i ɛrtsegɔ'vina]
Macedonië (het)	Macedônia (f)	[mase'donja]
Slovenië (het)	Eslovênia (f)	islɔ'venja]
Montenegro (het)	Montenegro (m)	[mõtʃi'negru]

149. Voormalige USSR landen

Azerbeidzjan (het)	Azerbaijão (m)	[azerbaj'ʒãw]
Armenië (het)	Armênia (f)	[ar'menja]
Wit-Rusland (het)	Belarus	[bela'rus]
Georgië (het)	Geórgia (f)	['ʒɔrʒa]
Kazakstan (het)	Cazaquistão (m)	[kazakis'tãw]
Kirgizië (het)	Quirguistão (m)	[kirgis'tãw]
Moldavië (het)	Moldávia (f)	[mow'davja]
Rusland (het)	Rússia (f)	['husja]
Oekraïne (het)	Ucrânia (f)	[u'kranja]
Tadzjikistan (het)	Tajiquistão (m)	[taʒiki'stãw]
Turkmenistan (het)	Turquemenistão (m)	[turkemenis'tãw]
Oezbekistan (het)	Uzbequistão (f)	[uzbekis'tãw]

150. Azië

Azië (het)	Ásia (f)	['azja]
Vietnam (het)	Vietnã (m)	[vjet'nã]
India (het)	Índia (f)	['ĩdʒa]
Israël (het)	Israel (m)	[izha'ɛw]
China (het)	China (f)	['ʃina]
Libanon (het)	Líbano (m)	['libanu]
Mongolië (het)	Mongólia (f)	[mõ'gɔlja]
Maleisië (het)	Malásia (f)	[ma'lazja]
Pakistan (het)	Paquistão (m)	[pakis'tãw]
Saoedi-Arabië (het)	Arábia (f) Saudita	[a'rabja saw'dʒita]
Thailand (het)	Tailândia (f)	[taj'lãdʒja]
Taiwan (het)	Taiwan (m)	[taj'wan]
Turkije (het)	Turquia (f)	[tur'kia]
Japan (het)	Japão (m)	[ʒa'pãw]
Afghanistan (het)	Afeganistão (m)	[afeganis'tãw]
Bangladesh (het)	Bangladesh (m)	[bãgla'dɛs]

| Indonesië (het) | Indonésia (f) | [ĩdo'nɛzja] |
| Jordanië (het) | Jordânia (f) | [ʒor'danja] |

Irak (het)	Iraque (m)	[i'raki]
Iran (het)	Irã (m)	[i'rã]
Cambodja (het)	Camboja (f)	[kã'bɔja]
Koeweit (het)	Kuwait (m)	[ku'wejt]

Laos (het)	Laos (m)	['laws]
Myanmar (het)	Birmânia (f)	[bir'manja]
Nepal (het)	Nepal (m)	[ne'paw]
Verenigde Arabische Emiraten	Emirados Árabes Unidos	[emi'radus 'arabis u'nidus]

Syrië (het)	Síria (f)	['sirja]
Palestijnse autonomie (de)	Palestina (f)	[pales'tʃina]
Zuid-Korea (het)	Coreia (f) do Sul	[ko'rɛja du suw]
Noord-Korea (het)	Coreia (f) do Norte	[ko'rɛja du 'nɔrtʃi]

151. Noord-Amerika

Verenigde Staten van Amerika	Estados Unidos da América (m pl)	[i'stadus u'nidus da a'mɛrika]
Canada (het)	Canadá (m)	[kana'da]
Mexico (het)	México (m)	['mɛʃiku]

152. Midden- en Zuid-Amerika

Argentinië (het)	Argentina (f)	[arʒẽ'tʃina]
Brazilië (het)	Brasil (m)	[bra'ziw]
Colombia (het)	Colômbia (f)	[ko'lõbja]

| Cuba (het) | Cuba (f) | ['kuba] |
| Chili (het) | Chile (m) | ['ʃili] |

| Bolivia (het) | Bolívia (f) | [bo'livja] |
| Venezuela (het) | Venezuela (f) | [vene'zwɛla] |

| Paraguay (het) | Paraguai (m) | [para'gwaj] |
| Peru (het) | Peru (m) | [pe'ru] |

Suriname (het)	Suriname (m)	[suri'nami]
Uruguay (het)	Uruguai (m)	[uru'gwaj]
Ecuador (het)	Equador (m)	[ekwa'dor]

| Bahama's (mv.) | Bahamas (f pl) | [ba'amas] |
| Haïti (het) | Haiti (m) | [aj'tʃi] |

| Dominicaanse Republiek (de) | República (f) Dominicana | [he'publika domini'kana] |
| Panama (het) | Panamá (m) | [pana'ma] |

| Jamaica (het) | Jamaica (f) | [ʒa'majka] |

153. Afrika

Egypte (het)	Egito (m)	[e'ʒitu]
Marokko (het)	Marrocos	[ma'hɔkus]
Tunesië (het)	Tunísia (f)	[tu'nizja]
Ghana (het)	Gana (f)	['gana]
Zanzibar (het)	Zanzibar (m)	[zãzi'bar]
Kenia (het)	Quênia (f)	['kenja]
Libië (het)	Líbia (f)	['libja]
Madagaskar (het)	Madagascar (m)	[mada'gaskar]
Namibië (het)	Namíbia (f)	[na'mibja]
Senegal (het)	Senegal (m)	[sene'gaw]
Tanzania (het)	Tanzânia (f)	[tã'zanja]
Zuid-Afrika (het)	África (f) do Sul	['afrika du suw]

154. Australië. Oceanië

Australië (het)	Austrália (f)	[aws'tralja]
Nieuw-Zeeland (het)	Nova Zelândia (f)	['nɔva zi'lãdʒa]
Tasmanië (het)	Tasmânia (f)	[taz'manja]
Frans-Polynesië	Polinésia (f) Francesa	[poli'nɛzja frã'seza]

155. Steden

Amsterdam	Amsterdã	[amister'dã]
Ankara	Ancara	[ã'kara]
Athene	Atenas	[a'tenas]
Bagdad	Bagdá	[bagi'da]
Bangkok	Bancoque	[bã'kɔk]
Barcelona	Barcelona	[barse'lona]
Beiroet	Beirute	[bej'rutʃi]
Berlijn	Berlim	[ber'lĩ]
Boedapest	Budapeste	[buda'pɛstʃi]
Boekarest	Bucareste	[buka'rɛstʃi]
Bombay, Mumbai	Mumbai	[mũ'baj]
Bonn	Bonn	[bɔn]
Bordeaux	Bordéus	[bor'dɛus]
Bratislava	Bratislava	[brati'slava]
Brussel	Bruxelas	[bru'ʃɛlas]
Caïro	Cairo	['kajru]
Calcutta	Calcutá	[kawku'ta]
Chicago	Chicago	[ʃi'kagu]
Dar Es Salaam	Dar es Salaam	[dar es sa'lãm]
Delhi	Deli	['dɛli]
Den Haag	Haia	['aja]

T&P Books. Thematische woordenschat Nederlands-Braziliaans Portugees - 5000 woorden

Dubai	Dubai	[du'baj]
Dublin	Dublim	[dub'lĩ]
Düsseldorf	Düsseldorf	[duseldɔrf]
Florence	Florença	[flo'rẽsa]
Frankfort	Frankfurt	['fräkfurt]
Genève	Genebra	[ʒe'nɛbra]
Hamburg	Hamburgo	[ä'burgu]
Hanoi	Hanói	[ha'nɔj]
Havana	Havana	[a'vana]
Helsinki	Helsinque	[ew'sĩki]
Hiroshima	Hiroshima	[irɔ'ʃima]
Hongkong	Hong Kong	[oŋ'koŋ]
Istanbul	Istambul	[istä'buw]
Jeruzalem	Jerusalém	[ʒeruza'lẽ]
Kiev	Kiev, Quieve	[ki'ɛv], [ki'eve]
Kopenhagen	Copenhague	[kope'ɲagi]
Kuala Lumpur	Kuala Lumpur	['kwala lũ'pur]
Lissabon	Lisboa	[liz'boa]
Londen	Londres	['lõdris]
Los Angeles	Los Angeles	[loz 'äʒeles]
Lyon	Lion	[li'ɔŋ]
Madrid	Madrid	[ma'drid]
Marseille	Marselha	[mar'sɛʎa]
Mexico-Stad	Cidade do México	[si'dadʒi du 'mɛʃiku]
Miami	Miami	[ma'jami]
Montreal	Montreal	[mõtri'al]
Moskou	Moscou	[mos'kow]
München	Munique	[mu'niki]
Nairobi	Nairóbi	[naj'rɔbi]
Napels	Nápoles	['napolis]
New York	Nova York	['nɔva 'jɔrk]
Nice	Nice	['nisi]
Oslo	Oslo	['ɔzlow]
Ottawa	Ottawa	[ɔ'tawa]
Parijs	Paris	[pa'ris]
Peking	Pequim	[pe'kĩ]
Praag	Praga	['praga]
Rio de Janeiro	Rio de Janeiro	['hiu de ʒa'nejru]
Rome	Roma	['homa]
Seoel	Seul	[se'uw]
Singapore	Cingapura (f)	[sĩga'pura]
Sint-Petersburg	São Petersburgo	['sãw peters'burgu]
Sjanghai	Xangai	[ʃã'gaj]
Stockholm	Estocolmo	[isto'kɔwmu]
Sydney	Sydney	['sidnej]
Taipei	Taipé	[taj'pɛ]
Tokio	Tóquio	['tɔkju]
Toronto	Toronto	[to'rõtu]

Venetië	Veneza	[ve'neza]
Warschau	Varsóvia	[var'sɔvja]
Washington	Washington	['waʃĩgtɔn]
Wenen	Viena	['vjɛna]

www.ingramcontent.com/pod-product-compliance
Lightning Source LLC
Chambersburg PA
CBHW070552050426
42450CB00011B/2834